Innovationsdynamik aktivieren

SPRINGER NATURE

springernature.com

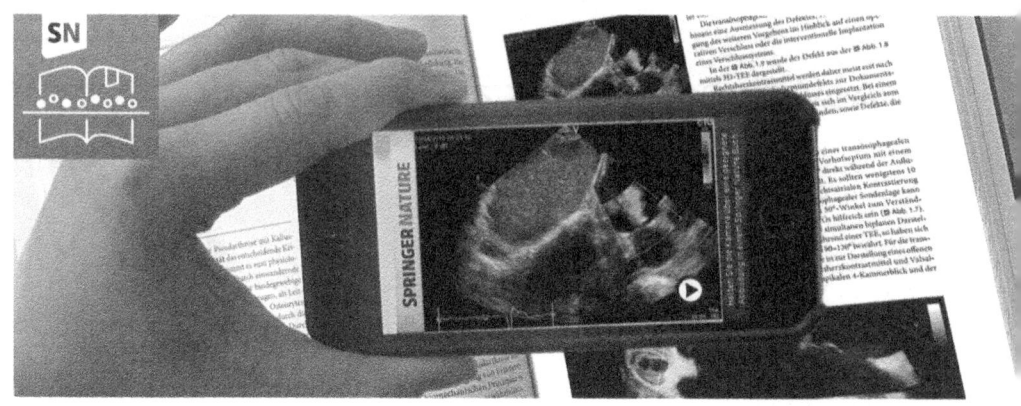

Springer Nature More Media App

Videos und mehr mit einem „Klick" kostenlos aufs Smartphone und Tablet

Kostenlos downloaden

- Dieses Buch enthält zusätzliches Onlinematerial, auf welches Sie mit der Springer Nature More Media App zugreifen können.*
- Achten Sie dafür im Buch auf Abbildungen, die mit dem Play Button ⊙ markiert sind.
- Springer Nature More Media App aus einem der App Stores (Apple oder Google) laden und öffnen.
- Mit dem Smartphone die Abbildungen mit dem Play Button ⊙ scannen und los gehts.

*Bei den über die App angebotenen Zusatzmaterialien handelt es sich um digitales Anschauungsmaterial und sonstige Informationen, die die Inhalte dieses Buches ergänzen. Zum Zeitpunkt der Veröffentlichung des Buches waren sämtliche Zusatzmaterialien über die App abrufbar. Da die Zusatzmaterialien jedoch nicht ausschließlich über verlagseigene Server bereitgestellt werden, sondern zum Teil auch Verweise auf von Dritten bereitgestellte Inhalte aufgenommen wurden, kann nicht ausgeschlossen werden, dass einzelne Zusatzmaterialien zu einem späteren Zeitpunkt nicht mehr oder nicht mehr in der ursprünglichen Form abrufbar sind.

Walter Friederichs · Gerhard Schwarz

Innovationsdynamik aktivieren

Integration von Vielfalt – Schlüssel zum Unternehmenserfolg

Walter Friederichs
Exinpa
Frankfurt am Main, Deutschland

Gerhard Schwarz
philosophie
univ.wien
Wien, Österreich

Die Online-Version des Buches enthält digitales Zusatzmaterial, das durch ein Play-Symbol gekennzeichnet ist. Die Dateien können von Lesern des gedruckten Buches mittels der kostenlosen Springer Nature „More Media" App angesehen werden. Die App ist in den relevanten App-Stores erhältlich und ermöglicht es, das entsprechend gekennzeichnete Zusatzmaterial mit einem mobilen Endgerät zu öffnen.

ISBN 978-3-658-29936-1   ISBN 978-3-658-29937-8 (eBook)
https://doi.org/10.1007/978-3-658-29937-8

Die Deutsche Nationalbibliothek verzeichnet diese Publikation in der Deutschen Nationalbibliografie; detaillierte bibliografische Daten sind im Internet über http://dnb.d-nb.de abrufbar.

Springer
© Springer Fachmedien Wiesbaden GmbH, ein Teil von Springer Nature 2020
Das Werk einschließlich aller seiner Teile ist urheberrechtlich geschützt. Jede Verwertung, die nicht ausdrücklich vom Urheberrechtsgesetz zugelassen ist, bedarf der vorherigen Zustimmung des Verlags. Das gilt insbesondere für Vervielfältigungen, Bearbeitungen, Übersetzungen, Mikroverfilmungen und die Einspeicherung und Verarbeitung in elektronischen Systemen.
Die Wiedergabe von allgemein beschreibenden Bezeichnungen, Marken, Unternehmensnamen etc. in diesem Werk bedeutet nicht, dass diese frei durch jedermann benutzt werden dürfen. Die Berechtigung zur Benutzung unterliegt, auch ohne gesonderten Hinweis hierzu, den Regeln des Markenrechts. Die Rechte des jeweiligen Zeicheninhabers sind zu beachten.
Der Verlag, die Autoren und die Herausgeber gehen davon aus, dass die Angaben und Informationen in diesem Werk zum Zeitpunkt der Veröffentlichung vollständig und korrekt sind. Weder der Verlag, noch die Autoren oder die Herausgeber übernehmen, ausdrücklich oder implizit, Gewähr für den Inhalt des Werkes, etwaige Fehler oder Äußerungen. Der Verlag bleibt im Hinblick auf geografische Zuordnungen und Gebietsbezeichnungen in veröffentlichten Karten und Institutionsadressen neutral.

Umschlaggestaltung deblik Berlin
Springer ist ein Imprint der eingetragenen Gesellschaft Springer Fachmedien Wiesbaden GmbH und ist ein Teil von Springer Nature.
Die Anschrift der Gesellschaft ist: Abraham-Lincoln-Str. 46, 65189 Wiesbaden, Germany

Vorwort

Viele von uns haben schon die Erfahrung gemacht, dass bei wichtigen Themen Argumente nichts nützen. Schlimmer noch, je wichtiger das Thema ist, desto weniger nützen rationale Argumente. Das hängt damit zusammen, dass wir bei emotionaler Aufladung nicht rational agieren.

Was kann man in diesen Situationen tun? In diesem Buch wird eine Methode vorgestellt, wie wir auch emotionale und soziale Probleme im Konsens lösen können. Das ist eine besondere Herausforderung bei heterogenen Teams, um das Innovationspotenzial von Vielfalt zu heben.

Am Beispiel der Integration neuer Mitarbeiter stellen wir dar, was dabei zu berücksichtigen ist und wie das gelingt. Dafür geben wir viele Praxisbeispiele.

Einige gekennzeichnete Karikaturen sind dem Buch „Denkstoffe" von Pesendorfer & Schwarz entnommen. Wir danken für die Überlassung dieser Illustrationen, die von Alex Blanke stammen.

Außerdem danken wir Evelin Voigt-Eggert und Paula Stegmüller für deren redaktionelle Bearbeitung.

Wir haben uns um eine genderneutrale Wortwahl bemüht. Im Sinne einer guten Lesbarkeit war das nicht immer möglich – wir bitten das zu entschuldigen. Grundsätzlich sind alle Leserinnen und Leser gleichermaßen angesprochen. Wir sind überzeugt, dass Vielfalt in all ihren Formen die größte menschliche Ressource ist. Wer sie zu nutzen weiß, ist immer auf der Gewinnerseite.

Wir wünschen Ihnen viel Lesevergnügen und viele Aha-Momente.

Frankfurt, Deutschland	Walter Friederichs
Wien, Österreich	Gerhard Schwarz
2020	

Inhaltsverzeichnis

1 Einleitung 1
2 Ein Exkurs zu den Wurzeln unseres Verhaltens 5
   2.1 Was uns prägt 5
   2.2 Wie wir uns in Gruppen verhalten 15
3 Ein Plädoyer für die Heterogenität von Teams 25
   3.1 Wie wir Hürden nehmen 26
   3.2 Was uns stark macht 52
4 Die Entwicklung hoch reflexiver Gruppen 65
   4.1 Wie wir gewinnen 66
   4.2 Wer lernen muss 71
5 Schlussbemerkung 77

Literatur 79

Über die Autoren

Dr. Walter Friederichs Vor Gründung der Firma exinpa im Jahr 2019 war Walter Friederichs 23 Jahre als Personalberater und Partner bei Russell Reynolds Associates tätig. Er leitete dort die Global Automotive/Mobility Practice und begleitete über 200 oberste und obere Führungskräfte beim Kulturwechsel. Während seiner Zeit als Geschäftsführer bei Hilti verantwortete er die Integration von drei akquirierten Unternehmen (PMI) und deren Zusammenführung zu einem neuen Geschäftsbereich. Seine Karriere startete er als Unternehmensberater bei der Boston Consulting Group in Düsseldorf, bevor er als Manager für Technologietransfer (M&A) in die BMW Zentrale in München wechselte.

Als Kernmitglied der branchenübergreifenden Digital Transformation Practice von Russell Reynolds Associates verfasste Dr. Friederichs zahlreiche Artikel zur Notwendigkeit der Transformation in Organisationen und über Herausforderungen, denen sich Führungskräfte in diesem Kontext stellen müssen.

Dr. Walter Friederichs besitzt Abschlüsse für Administration Economique et Sociale von der Université d'Aix-en-Provence in Frankreich und als Dipl. Kaufmann an der Universität zu Köln. Als Fulbright

Scholar erhielt er seinen MBA von der Pennsylvania State University. Seine Promotion über den Einfluss von Gefühlen auf Entscheidungsverhalten folgte an der Universität zu Köln.

Er spricht neben Deutsch fließend Englisch und Französisch.

Weiteres siehe: www.exinpa.com

Dr. Gerhard Schwarz ist Universitätsdozent für Philosophie (Universität Wien) und Gruppendynamik (Universität Klagenfurt) und arbeitet seit mehr als 30 Jahren auf den Gebieten Organisationsentwicklung, Gruppendynamik und Konfliktmanagement.

Nach dem Studium der Naturwissenschaften, der Theologie und Philosophie promovierte Gerhard Schwarz mit einer Arbeit über Humor und Liebe. Nach zehn Jahren Assistententätigkeit erfolgte 1969 die Habilitation für das Fach Philosophie an der Universität Wien und 1979 für das Fach Gruppendynamik an der Universität Klagenfurt.

Seit 1970 ist der mehrfache Bestsellerautor freiberuflich auch als Berater, Konfliktmanager, Trainer und Forscher tätig. Gerhard Schwarz moderierte zudem Fernsehsendungen im ORF und ist im praktischen Konfliktmanagement für seine humorvollen Interventionen bekannt. Er ist Berater namhafter Unternehmen, vor allem in Deutschland und Österreich und gefragter Referent auf Kongressen. Von seinen vielen Veröffentlichungen fand besonders sein Buch über Hierarchie „Die ‚Heilige Ordnung' der Männer" große Beachtung. Sein Standardwerk „Konfliktmanagement" ist in der 9. Auflage erschienen, das jüngste Buch erklärt archaische Verhaltensmuster in „Shitstorms, Lügen, Sex".

Weiteres siehe: www.gerhardschwarz.eu

Einleitung 1

Die Megatrends Globalisierung, Ökonomisierung und Digitalisierung führen zu wachsender Volatilität und Ungewissheit. Durch die Corona-Krise wächst die Erkenntnis, dass lineare Ursache-Wirkung-Beziehungen durch die Schnelligkeit der Rückkopplungen die Realität nicht mehr angemessen erfassen. Unternehmen müssen sich daher zunehmend auf unvorhergesehene, oft umbruchartige Veränderungen in kürzester Zeit einstellen. Dafür werden zum Beispiel flexible Organisationsformen, ständige Transformation, agiles Führungsverhalten und neue Arbeitsformen angestrebt.

Diese Ansätze bauen darauf, dass unterschiedliche Perspektiven im Unternehmen eine Dynamik entwickeln, die den Veränderungen gewachsen ist. Derartige Wirkungen setzen voraus, dass die unterschiedlichen Perspektiven erkannt und respektiert werden: Es geht um die Integration von Andersartigkeit in einen bestehenden Kontext (Abb. 1.1).

Ein offensichtlicher Fall für Integrationsbedarf ist die externe Rekrutierung von Führungskräften. Die Wirtschaftswoche vom 23.02.2018 schrieb dazu: 35 % der Führungskräfte gehen innerhalb eines Jahres wieder verloren. Dies kostet Zeit,

---

Elektronisches Zusatzmaterial Die elektronische Version dieses Kapitels enthält Zusatzmaterial, das berechtigten Benutzern zur Verfügung steht https://doi.org/10.1007/978-3-658-29937-8_1. Die Videos lassen sich mit Hilfe der SN More Media App abspielen, wenn Sie die gekennzeichneten Abbildungen mit der App scannen.

© Springer Fachmedien Wiesbaden GmbH, ein Teil von Springer Nature 2020
W. Friederichs, G. Schwarz, *Innovationsdynamik aktivieren*,
https://doi.org/10.1007/978-3-658-29937-8_1

Abb. 1.1 Video 1.1 „Innovationspotenzial heben statt vernichten" (https://doi.org/10.1007/000-0k6)

Geld und Nerven. Schon diese Betrachtung des Risikos zeigt, dass es menschlich angesagt und wirtschaftlich sinnvoll ist, Integration nicht dem Zufall zu überlassen.

Tatsächlich stellt die Integration von Führungskräften in einen neuen Kontext nicht nur ein Risiko, sondern auch eine besondere Chance dar, den Umgang mit Andersartigkeit zu lernen. Unter dem Stichwort Onboarding gibt es viele Ansätze, die auf das neue Mitglied fokussieren, um dessen Anpassung an den bestehenden Kontext sicherzustellen. Wie ein Puzzlestück soll die/der Neue die eigenen Ecken und Kanten so weit abschleifen, dass sie/er in das bestehende Puzzle hineinpasst. Das wird die Integration fördern – allerdings auf Kosten der Vielfalt und damit auch der Innovationsfähigkeit.

An dieser Stelle sind gruppendynamische Interventionen wirkungsvoller. Mit der Zielsetzung, Vielfalt zu nutzen, werden den Kolleginnen und Kollegen und gegebenenfalls auch den Mitarbeiterinnen und Mitarbeitern die besonderen Fähigkeiten der/des Neuen vermittelt und Gründe, warum diese Fähigkeiten für den Geschäftserfolg nützlich sind. Außerdem geht es darum, Beziehungen des bestehenden Teams zu der neuen Person professionell herzustellen. Ziel ist es, das Team in der neuen Zusammensetzung in ein funktionsfähiges System – also in eine hoch reflexive Gruppe – zu transformieren.

Wichtig an dieser Stelle ist zu wissen, dass Teams nie als hoch reflexive Gruppen vom Himmel fallen. Es ist ein Lernprozess nötig, um zu einem funktionsfähi-

1 Einleitung

gen System zu werden. So ist die Aufnahme neuer Mitglieder in eine Gruppierung für alle Beteiligten immer ein problematisches Thema. Im Zuge der Ökonomisierung aller Bereiche des menschlichen Lebens ist dieses Problem auch ein wirtschaftliches. Wenn Unternehmen einen neuen Mitarbeiter einstellen oder gar ein neues Mitglied in die Geschäftsleitung berufen, dann soll diese neue Person nicht nur eine Stippvisite in der Organisation machen. Die Erfolgsquote beim Onboarding von extern rekrutierten Führungskräften lässt viel Luft nach oben. Rezepte zur Verbesserung sind daher begehrt. Dabei werden verschiedene Konzepte diskutiert, am häufigsten ein Coaching-Programm. Coaching ist ein gutes Instrument der Selbstreflexion und gerade für Führungskräfte unerlässlich. Allerdings fokussiert es immer auf das Individuum.

Aufgrund unserer wissenschaftlichen Arbeiten und jahrzehntelangen Praxis sind wir davon überzeugt, dass dies nicht ausreicht. Da die neue Person immer in ein Sozialgefüge hineinkommt, muss sie auch in dieses integriert werden. Es sind daher unterschiedliche Interventionen in diesem Sozialgebilde nötig, um eine Integration erfolgreich zu bewerkstelligen. Das gesamte Team muss lernen, nicht nur eine einzelne Person (Abb. 1.2).

Beim On- und Offboarding haben wir es jeweils mit strukturellen Veränderungen in komplexen Systemen zu tun. Die gesamte Gruppe oder Organisation, in die ein neues Mitglied eintritt oder aus der bisherige Mitglieder austreten, verändert sich. Beim Prozess des Executive Integration lernen alle Mitglieder der Gruppe, ihr

Abb. 1.2 Video1.2 von Dr. G. Schwarz einfügen (https://doi.org/10.1007/000-0k5)

Selbst- und Rollenverständnis in offenem Austausch innerhalb der Gruppe neu zu definieren. Dieser gemeinsame Lernprozess wirkt nicht nur temporär, sondern auch perspektivisch. Die Gruppe erhöht generell ihre Fähigkeit, Andersartigkeit zu integrieren. Unternehmen entwickeln damit eine Eigendynamik zur Anpassung an Strategie- und Umfeldänderungen. Durch eine Unterstützung von außen wird dieser Prozess besser steuerbar.

Weitere typische Beispiele für Integration von Vielfalt durch Executive Integration sind die Schaffung einer neuen Organisationsstruktur, wie z. B. bei der Bildung einer Holding, die Bündelung ähnlicher Aktivitäten in einer eigenen Division oder die Akquisition von Unternehmen. Auch im laufenden Geschäft entsteht Integrationsbedarf für Führungskräfte, so z. B. bei der Bildung von bereichsübergreifenden Projektgruppen, internationalen Entsendungen, funktionsübergreifender Führungskräfteentwicklung oder auch bei Unternehmernachfolgen.

Im Folgenden werden die theoretischen Grundlagen für erfolgreiche Integration und deren Bedeutung für die Identifikation aller Gruppenmitglieder mit dem Team beschrieben sowie anhand von Praxisbeispielen untermauert. Dieses Buch soll zum besseren Verständnis unvermeidlicher sozialer Lernprozesse für die Aktivierung von Innovationsdynamik beitragen.

Einige gekennzeichnete Karikaturen sind dem Buch „Denkstoff" von Pesendorfer&Schwarz entnommen. Wir danken für die Überlassung dieser Illustrationen, die von Alex Blanke stammen. Außerdem danken wir Evelin Voigt-Eggert und Paula Stegmüller für die redaktionelle Bearbeitung.

Ein Exkurs zu den Wurzeln unseres Verhaltens

Inhaltsverzeichnis

2.1 Was uns prägt 5
    2.1.1 Die evolutionäre Gehirnentwicklung 6
    2.1.2 Die Anwendung auf die Praxis: Ratio, Emotion und archaische Muster 9
    2.1.3 Szene aus der Arbeitswelt 13
2.2 Wie wir uns in Gruppen verhalten 15
    2.2.1 Rituale und Initiationsriten 16
    2.2.2 Doppelmitgliedschaft und interne Gruppendifferenzierung 18
    2.2.3 Soziale und emotionale Reflexivität als Voraussetzung für effektive sachliche Zusammenarbeit 19
    2.2.4 Szene aus der Arbeitswelt – Machtspiele 22

2.1 Was uns prägt

Wer denkt, dass er denkt, denkt nur, dass er denkt, denn eigentlich hat das Unterbewusstsein jedes Menschen schon entschieden, was er denken und letztendlich tun wird – paradox, aber wahr. Der US-Amerikanische Psychologe Benjamin Libet fand es bereits 1979 in dem nach ihm benannten Libet-Experiment heraus. Inzwi-

---

Elektronisches Zusatzmaterial Die elektronische Version dieses Kapitels enthält Zusatzmaterial, das berechtigten Benutzern zur Verfügung steht https://doi.org/10.1007/978-3-658-29937-8_2. Die Videos lassen sich mit Hilfe der SN More Media App abspielen, wenn Sie die gekennzeichneten Abbildungen mit der App scannen.

© Springer Fachmedien Wiesbaden GmbH, ein Teil von Springer Nature 2020
W. Friederichs, G. Schwarz, *Innovationsdynamik aktivieren*,
https://doi.org/10.1007/978-3-658-29937-8_2

schen haben es Neurowissenschaftler auf der ganzen Welt in zahlreichen Tests überprüft und bestätigt. Viele Prozesse im Gehirn laufen unbewusst ab. Wir wären sonst schon mit alltäglichen Aufgaben der Sinneswahrnehmung und Bewegungskoordination völlig überfordert, sagt auch John-Dylan Haynes vom Bernstein-Zentrum für Computational Neuroscience Berlin (Quelle: DIE ZEIT, 17.04.2008 Nr. 17). Auch wenn die Wissenschaft noch darüber streitet, welche Gehirnregion wann entscheidet und ob wir dies steuern können, Fakt ist: Wir sind das Produkt einer Jahrtausende währenden evolutionären Entwicklungsgeschichte. Wir können unser Erbgut nicht verleugnen und nicht einfach umprogrammieren. Es zu verstehen, kann allerdings helfen, Wutausbrüche oder Kontrollverluste – wir nennen das affektive Aufladung – im Alltag zu erkennen, zu verhindern, deren Wirkung abzufedern oder sogar die Energie umzuleiten (Abb. 2.1).

2.1.1 Die evolutionäre Gehirnentwicklung

Forschungsergebnisse belegen es vielfach eindrücklich: Viele unserer Verhaltensmuster haben wir von unseren Vorfahren geerbt. Sie werden genetisch weitergegeben. Speicherort ist unser Gehirn. Es besteht aus mehreren Schichten, die sich im Laufe der Evolution kontinuierlich entwickelt haben. In den ältesten Schichten

Abb. 2.1 Video 2.1 „Non-rationales Verhalten vs. Kognitive Kontrolle" (https://doi.org/10.1007/000-0k8)

2.1 Was uns prägt

liegt die Amygdala. In ihr sind Kampf und Flucht lokalisiert, ebenso wie unsere Ängste. Umschlossen wird die Amygdala vom limbischen System, dem Hort unserer Gefühle und Stimmungen sowie unseres Ausdrucksverhaltens. Dort sind Rituale und das Normensystem gespeichert. Die jüngste und äußerste Schicht ist die Großhirnrinde. Sie wird auch als kortikale Kontrolle bezeichnet. Dort sitzt unser Denkvermögen, also das, was den Menschen in vielen Aspekten vom Tier unterscheidet.

Unter Regressionsbedingungen – also zum Beispiel bei affektiver Aufladung – fallen wir auf die alten Teile unseres Gehirns zurück.

Die Gehirnphysiologie bestätigt heute, dass wir von den zuletzt erworbenen Gehirnfunktionen – wie der kortikalen Kontrolle – in hoch-emotionalen Situationen auf die ursprünglichen, älteren Gehirnteile zurückfallen. Im ältesten Gehirnteil ist zum Beispiel bei Krisensituationen das Programm Flucht verankert. Es war der Natur offenbar zu gefährlich, den Menschen in einer Krisensituation auch noch denken zu lassen. Das Flüchten hat sich für unsere Vorfahren in Gefahrensituationen meist gelohnt, weil es das Überleben ermöglichte. Wir stammen folgerichtig alle nur von den Überlebenden der Krisensituationen ab und tragen deren Programm in uns. In emotional belasteten Situationen fallen wir sozusagen automatisch auf ältere Gehirnteile zurück.

Unter dem Einfluss von Drogen, wie z. B. Alkohol, haben die meisten Menschen einen solchen Rückfall schon einmal selbst erlebt oder an anderen beobachtet. Dabei werden stufenweise die neueren – höher entwickelten – Gehirnteile deaktiviert. Die kortikale Kontrolle ist dann nur noch zum Teil vorhanden.

Entscheidend für uns im Hier und Jetzt ist zu reflektieren, dass Flucht nicht nur darin besteht, bei einer Gefahr einfach physisch davonzulaufen. Sie kann auch psychisch erfolgen, wenn zum Beispiel jemand in einer Sitzung einer Frage ausweicht, ablenkt oder ein neues Thema aufwirft. Wenn beispielsweise ein Gruppenleiter bei einer Sitzung sagt: „In etwa vier Wochen werden wir einen neuen Mitarbeiter bekommen. Vielleicht sollten wir darüber sprechen.", und einer der Mitarbeiter antwortet: „Aber das ist doch erst in vier Wochen! Da müssen wir doch nicht schon heute drüber sprechen.", dann ist das eine Form von Fluchtverhalten. Was auf den ersten Blick harmlos erscheinen mag, ist ein nicht zu unterschätzender früher Hinweis auf anstehende Schwierigkeiten für und mit dem neuen Mitarbeiter.

Natürlich gibt es dramatischeres Fluchtverhalten als das hier eben angeführte und mehr Symptome unserer stammesgeschichtlichen Prägung. So hatten die Menschen immer schon den Eindruck, dass manche Vertreter ihrer Spezies in manchen Situationen von dunklen Mächten getrieben werden oder gar böse Geister sie beeinflussen, um nur zwei der bekannten bis heute lebendigen Mutmaßungen zu nennen.

Was hinter diesen Vermutungen steckt, wissen wir heute durch die moderne Neurologie: die oben beschriebene evolutionär gewachsene Gehirnstruktur mit ihren unterschiedlich alten und jungen Funktionen. Alte Überlebensinstinkte schlagen unter Regressionsbedingungen die zeitgeschichtlich betrachtet noch sehr junge Fähigkeit zum Denken. Das ist wenig verwunderlich, wenn wir uns vergegenwärtigen, dass unsere Vorfahren 35 Millionen Jahre als Primaten in den tropischen Regenwäldern lebten. Der größte Teil unserer Gene stammt aus diesen Zeiten (Abb. 2.2).

Vor etwa 8 Millionen Jahren stiegen unsere Vorfahren von den Bäumen herab und gingen aufrecht. Sie lebten zunächst für lange Zeit am Wasser. Bis heute hat Wasser in Form von Bächen, Flüssen oder Seen für uns eine hohe Faszination. Wir bezeichnen das Herabsteigen von den Bäumen und die Eroberung der Flussläufe als **Wasserrevolution**. Aus dieser Zeit stammen viele Verhaltensmuster, die es bei den Primaten in den Wäldern nicht gab und bis heute nicht gibt.

Vor zwei Millionen Jahren gelang es unseren Vorfahren, das Feuer zu beherrschen. In dieser Zeit der **Feuerrevolution** entstanden wieder neue Muster, die wir ebenfalls ererbt haben.

Vor etwa 300.000 Jahren entstand der Homo sapiens, der Sprache und viele Funktionen entwickelte, die wir heute verwenden. Wir nennen diesen Entwicklungsschub die **Religiöse Revolution**, weil die Menschen erstmals begannen, sich über die unmittelbare Natur zu erheben und diese an sich anzupassen. Die ur-

Abb. 2.2 Video 2.2 von Dr. G. Schwarz einfügen (https://doi.org/10.1007/000-0k7)

sprünglichen Verhaltensweisen wurden in einen übernatürlichen Kontext gestellt und damit religiös umgeformt. Es wurden Regeln und Tabus entwickelt, um mit naturgegebenen Feinden (das waren Angehörige anderer Gruppen und Nahrungskonkurrenten) zu kooperieren.

Vor etwa 15.000 Jahren wurden die Menschen sesshaft: Wir sprechen von der **Neolithischen Revolution**. Es entstanden Hierarchien, um das Zusammenleben zu strukturieren und zu ordnen.

Die gerade einmal 300 Jahre alte **Industrielle Revolution** wird aktuell bereits durch die **Digitale Revolution** abgelöst. Die Zyklen der gravierenden Veränderungen werden immer kürzer – unser Gehirn zeigt bislang kaum Anzeichen evolutionärer Sprünge, wie wir sie von den vorausgehenden Entwicklungsschüben kennen.

Das Gehirnwachstum fand in der Evolution kontinuierlich statt. Es entwickelten sich allmählich und langsam immer mehr neue Verhaltensweisen des Homo sapiens. Je nach Intensität der Regression fallen wir auf jüngere oder eben auf ältere, sogenannte archaische Verhaltensmuster zurück.

In Abb. 2.3. werden die verschiedenen Verhaltensmuster den Gehirnarealen und Revolutionen zugeordnet.

2.1.2 Die Anwendung auf die Praxis: Ratio, Emotion und archaische Muster

Nicht nur jede Person ist anders als alle anderen, auch alle Gruppen unterscheiden sich von allen anderen. Wir wissen heute, dass sich die Funktionsfähigkeit von Gruppen über ein dynamisches Gleichgewicht ihrer Kräfte definiert, das in jeder veränderten Situation neu ausbalanciert werden muss. Einen besonderen Balanceakt erfordert die Integration eines neuen Mitglieds, übrigens auch der Verlust eines alten Mitglieds. Es ändert sich dabei vieles. Oft ist einiges besser, manchmal aber auch einiges schlechter als vorher. Dem neuen Ausbalancieren aller Beziehungen zueinander widmen wir im Alltag oft nur wenig Aufmerksamkeit. Es geschieht anlässlich von Sachentscheidungen nebenbei. „Haben Sie schon das neue Konzept des Kollegen X gesehen?" „Ja, da müssen wir wohl noch darüber reden und auch die Kollegin Y mit einbeziehen." Oft werden dann sogar erst abends bei einem Bier die neuen Abstimmungen vorgenommen. Diese Nebenbei-Adjustierung ist selten erfolgreich, sicher nicht bei größeren Konflikten oder bei Gruppenkrisen. Der Eintritt eines neuen oder der Verlust eines alten Gruppenmitglieds stellt notwendigerweise immer eine Krise für die jeweilige Gruppe dar. Dieser Situation einige Zeit zu widmen und die Veränderungen auf der Metaebene zu bearbeiten, hat sich bewährt und erspart in Summe am Ende Zeit.

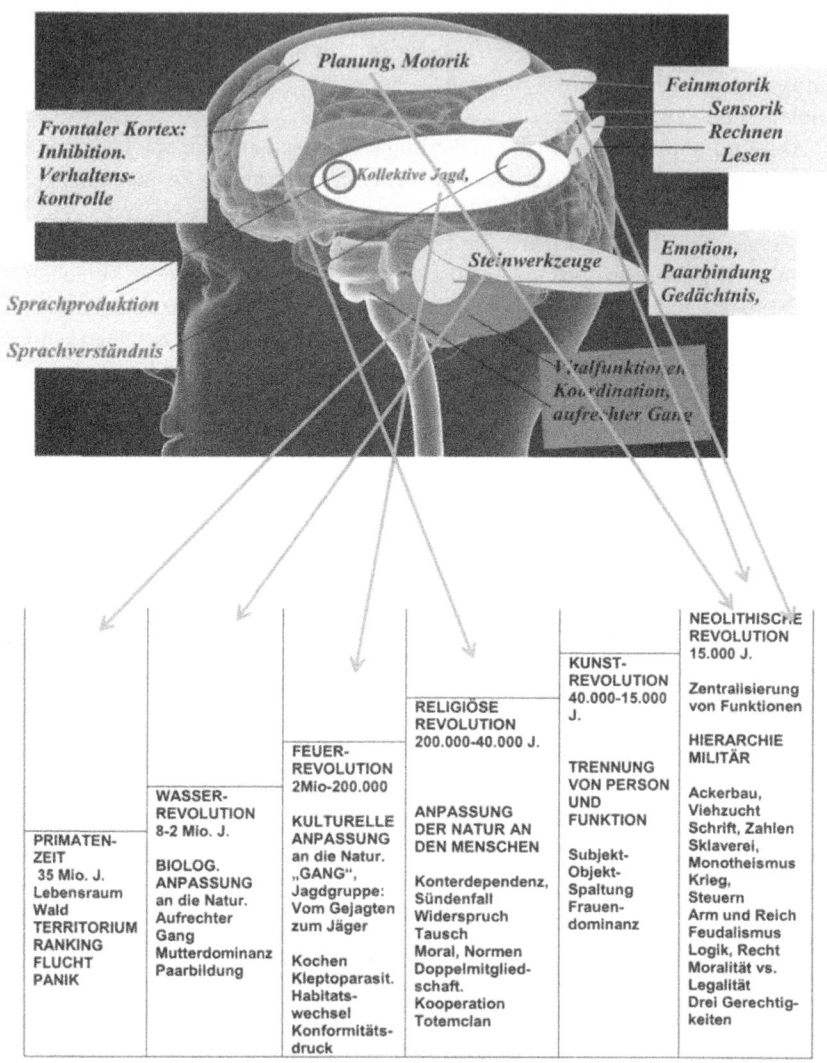

Abb. 2.3 Verankerung von archaischen Reflexreaktionen

2.1 Was uns prägt

Etwas vereinfacht dargestellt unterscheiden wir bei der Integration eines neuen Gruppenmitglieds drei Handlungsebenen, auf denen ein Problem bearbeitet werden muss. Die Handlungsebenen lassen sich auf drei verschiedene Quellen zurückzuführen:

- **Rationale Ebene** – sie hat ihren Ursprung in der Zivilisationsentwicklung
  - Ein neues Gruppenmitglied ist wichtig und hilfsbereit.
  - Wir werden ihm helfen, sich schnell in die Gruppe zu integrieren.
  - Die Gruppe wird sich so verändern, sodass sie besser funktioniert.
  - Das neue Mitglied wird sich so verändern, dass es gut in die Gruppe hineinpasst.
- **Emotionale Ebene** – sie ist durch die individuelle Biografie und den kulturellen Kontext geprägt
  - Alle freuen sich auf das neue Gruppenmitglied.
  - Einige haben Angst – Wer weiß, was sich alles ändern wird?
  - Meine Position wird vielleicht besser oder aber schlechter.
  - Zuerst sind wir ablehnend und misstrauisch gegenüber der neuen Person.
- **Soziale Ebene** – sie umfasst Verhaltensmuster, die im Laufe der Stammesgeschichte genetisch verankert wurden
  - Jeder Verlust oder jeder Gewinn eines neuen Mitglieds bedeutet für jede Gruppe eine Frage des Überlebens und damit eine Krise.
  - Die Situation zwingt zum Handeln, koste es was es wolle.
  - Niemand kann sich der Situation entziehen. Alle sind Beteiligte und sind daher affektiv involviert. Es laufen heftige non-rationale Prozesse ab.

Erinnern Sie sich noch an Ihren ersten Schultag? An Ihr erstes Rendezvous? An Ihren ersten Tag in der Arbeit? Sicherlich. Danach haben Sie vielleicht über Jahre eine Gedächtnislücke. Warum erinnern wir uns fast immer an den ersten Tag und deutlich seltener an die Folgenden? Sie ahnen es bereits: Weil der erste Tag eine ganz besondere Krise darstellt.

Das Wort Krise kommt vom griechischen *krinein* = ändern oder unterscheiden. Eine Krise ist also nicht zwingend eine Katastrophe, als welche sie im normalen Sprachgebrauch heute oft wahrgenommen wird. Eine Krise ist erst einmal nur eine Veränderung oder eine Unterscheidung. Jede Veränderung ist allerdings mit starken Emotionen verbunden, weil es unsicher ist, ob sie etwas besser oder schlechter macht. Sprichworte sagen: „Ich kam vom Regen in die Traufe." oder aber „Die neue Situation ist wie ein Paradies." – etwa bei manchen neuen Beziehungen.

Eine Krise fordert immer gleichzeitig rational, emotional und funktional zu Handlungen heraus, was grundsätzlich eine Überforderung ist. Daher greifen wir in Krisensituationen gerne auf das immer bereitstehende Regressionsangebot in Form von archaischen Mustern zurück. Wir haben sie aus der Stammesgeschichte geerbt und in unserem Gehirn gespeichert.

Diese Muster laufen nach bestimmten Regeln ab. Wobei das Wort Regel an dieser Stelle eine irreführende Bezeichnung ist, denn Regeln werden immer von Menschen aufgestellt. Bei archaischen Musterverläufen handelt es sich dagegen um Gesetzmäßigkeiten, die sich in Jahrmillionen der Menschheitsgeschichte entwickelt haben. Sagen wir statt Regeln also besser: durch den natürlichen Lebensraum geprägte Prozesse. Viele dieser einstigen Naturprozesse hat die Menschheit im Laufe der Geschichte durch Regeln ersetzt, die oft das Gegenteil der Naturabläufe verlangen. So ist es etwa von Natur aus im Sinne der Evolution, dass der Stärkere dem Schwächeren die Nahrung wegnimmt – wie wir das im Tierreich beobachten können. Für Menschen ist diese Gesetzmäßigkeit kontraproduktiv. Sie entwickelten deshalb die Regel: Du sollst nicht stehlen. Trotzdem fallen Menschen bis heute immer wieder unter bestimmten Bedingungen in den Kleptoparasitismus zurück. Diebstahl als Versuch der individuellen Ressourcenoptimierung ist ein klassisches archaisches Muster.

Ebenfalls ein sehr altes Muster ist: Außenseiter werden abgelehnt. Ursprünglich gefährdeten sie den Zusammenhalt der Gruppe und damit auch deren Sicherheit. Kommen Außenseiter – z. B. in Form von neuen Mitgliedern – in die Alpha-Position, dann gibt es im Tierreich einen Kampf um die Alpha-Position. Es gilt zu entscheiden, wer der bessere Anführer ist. Der Ausgang dieses Kampfes entscheidet über das Überleben der Gruppe. Gewinnt nämlich der Schlechtere (weniger Intelligente, weniger Durchsetzungsfähige, weniger Beliebte etc.), kann die Gruppe ihre Leistungsfähigkeit verlieren oder in Schwierigkeiten kommen.

Bei den Primaten und später in der Urgeschichte des Menschen gab es die Top-down-Exekutive. Damit ist gemeint, dass eine Gruppe mehr oder weniger blindlings dem Verhalten der Alpha-Position folgt. Je weiter wir uns in unserer Zivilisation von der Natur entfernen, desto mehr Regeln brauchen wir für unser Zusammenleben, damit es zivilisiert ablaufen kann. In Krisen- und Konfliktsituationen fallen wir aber – jedenfalls emotional – häufig auf die alten Muster zurück. Wir sagen dann oft: Die Situation ist außer Kontrolle geraten. Die Angst, die in solchen Krisen auftritt, war ursprünglich und ist bis heute sinnvoll: Sie soll uns an falschen Handlungen hindern.

Ein Beispiel aus unserer Sinneswahrnehmung: Wenn wir 5 Meter in die Ferne blicken, kommt uns das nicht weit vor. Wenn wir aber von einem 5 m hohen Sprungbrett in ein Becken hinunterschauen, kommt uns das viel weiter vor. Unser Gehirn verzerrt die Entfernungen. Das hatte ursprünglich einen existenziellen Sinn. Unsere Vorfahren, die auf Bäumen lebten, sollten vor allzu gewagten Sprüngen bewahrt werden. Alle diejenigen Primaten, die diese Verzerrung in ihrem Gehirn nicht hatten, gehören nicht zu unseren Vorfahren, weil sie das zeugungsfähige Alter vermutlich nicht erreichen konnten. Diese (Höhen-)Angst ist interessanterweise altersabhängig: Je älter wir werden, desto mehr Angst bekommen wir, in die Tiefe zu blicken. Vermutlich hängt das damit zusammen, dass die gewagten Sprünge mit zunehmendem Alter gewagter werden.

Angst ist also ein wichtiges Regulativ für unsere Handlungen. Sie hindert uns daran, zu viel zu riskieren. Das ist ein Vorteil. Nachteilig ist, dass uns Angst generell in unserem Handeln beeinflusst und somit auch hinderlich sein kann. Wir müssen viele Ängste immer wieder verdrängen, um handlungsfähig zu sein. Die Verdrängung von Ängsten geschah ursprünglich kollektiv und wird bis heute über die Sprache und durch das Normensystem gesteuert. Wir fürchten uns beispielsweise im finsteren Wald allein mehr als in der Gruppe. Die Gruppenstrategie zur Angstbewältigung zieht sich durch viele Tausend Jahre Zivilisationsentwicklung. Der Erfolg oder Misserfolg der Angstverdrängung hängt im Wesentlichen von der Funktionsfähigkeit der Gruppe ab.

2.1.3 Szene aus der Arbeitswelt

Überregional agierende Unternehmen sind häufig dezentral aufgestellt. Es gibt eine Zentrale mit Sitz der obersten Geschäftsführung und daneben zahlreiche Niederlassungen mit entsprechender Leitung. Die Zentrale ist weit weg, die aus ihr kommenden Anweisungen werden in den Regionen oft wenig geschätzt. „Die da oben haben keine Ahnung, wie es hier läuft.", ist ein fast schon allgemeingültiger Satz. Auch viele Banken arbeiten in solchen Strukturen. Wenn in einer Außenstelle ein Geschäftsführer ausscheidet, zum Beispiel aufgrund einer Pensionierung, ist es keine Seltenheit, dass aus der Zentrale ein Nachfolger geschickt wird.

Vor einigen Jahren trug sich ein Fall zu, der exemplarisch die Fallstricke der Entsendung eines Chefs von oben aus der Zentrale spiegelt. Die Besonderheit in diesem Fall: Der neue Chef war in der Regionalbank kein Unbekannter, sondern war ebenda Jahre zuvor eingestellt worden. Die siebenköpfige Geschäftsführung war in heller Aufregung, keiner hatte den ehemaligen Mitarbeiter und neuen Chef in guter Erinnerung, im Gegenteil: Mit dem Chef der Anlagenberatung war er im Streit auseinandergegangen. Alle waren froh, dass er in die Zentrale gewechselt war, und jetzt kam er zurück, als ihr direkter Vorgesetzter.

Als die Entscheidung publik wurde, beriefen die sechs alten Geschäftsleitungsmitglieder eine Krisensitzung ein, an der auch der ausscheidende Vorsitzende teilnahm. Er war der einzige, der den neuen Chef als seinen Nachfolger begrüßte, und er konnte seine Kollegen davon überzeugen, ein gruppendynamisches Beraterteam einzuschalten, um die schlimmsten Verwerfungen abzumildern.

Diese Berater führten im ersten Schritt Interviews mit allen Beteiligten. Dabei kam es zu panikartigen Reaktionen: „Der wird sich an mir rächen und mich hinausekeln!" meinte einer. „Der wird sich bei mir einmischen und durchregieren.", mutmaßte ein anderer. Die nächsten behaupteten: „Der wird alle Personalentscheidungen an sich ziehen." und: „Der wird alle meine mühsam aufgebauten Projekte stoppen lassen." usw.

Neben den individuellen Ängsten stellte sich im Zuge der Interviews heraus, dass die Ablehnung des neuen Chefs mehr oder weniger das einzige war, was die Gruppe emotional einte. Die Gruppe war kein Team und miteinander keineswegs wirklich arbeitsfähig. Es kristallisierte sich eine Reihe von unbearbeiteten Konflikten heraus, deren Reflexion die Angst vor dem Neuen noch erhöhten. Die Gruppe vermutete, dass der Neue bzw. die Leitung in der Zentrale einige dieser Konflikte mitbekommen hatte. Vielleicht, so wurde spekuliert, solle der Neue jetzt aufräumen. Diese Angst stellte sich schnell als berechtigt heraus, als die Berater den Neuen interviewten. Sie erfuhren, dass er tatsächlich den Auftrag hatte, aus dem zerstrittenen Haufen – so eine informelle Terminologie der Zentrale – wieder eine handlungsfähige Gruppe zu machen. Als die Berater ihm von den geäußerten Ängsten berichteten, meinte er, nun erst recht mit harter Hand durchgreifen zu müssen, um die Geschäftsleitung wieder arbeitsfähig zu machen.

Diese Strategie barg viele unnötige Gefahren. Denn je härter der Neue als Autorität auftreten würde, desto mehr Widerstand könnte er erzeugen.

Die Gruppendynamikberater schlugen dem neuen Chef deshalb vor, anstelle von Dominanzattitüden dem Team eine Kooperation anzubieten, bei der die aus der Vergangenheit vorhandenen Probleme bearbeitet werden könnten. Als Ziel wurde definiert, die Gruppe emotional zu stabilisieren und zu einer hoch reflexiven Gruppe aufzubauen. Der neue Chef ging auf diesen Vorschlag ein.

Der folgende Integrations-Workshop wurde für drei Tage angesetzt. Nach gruppendynamisch fundierter Diagnose der Situation ging es rasch zur Sache. Die aufgelisteten Probleme wurden der Reihe nach bearbeitet. Kompetenzdiffusion, unklare Strategie, persönliche Kränkungen, Führungsstil, Konkurrenz von Bereichen und nicht zuletzt Zukunftsperspektiven ergaben sich als Themen.

Sehr hilfreich bei diesem Prozess waren die begleitenden wissenschaftlich fundierten Erläuterungen der Gruppendynamikberater über archaische Muster. Dazu gehören die Angst vor einem neuen Gruppenmitglied, Angst vor der Autorität der neuen Alpha-Position, Panikreaktionen und die daraus folgenden Schuldgefühle. Ebendiese sind besonders tückisch, denn die Schuldgefühle, die im Zuge des Rückfalls auf archaische Muster auftreten, werden meist verdrängt.

Nachdem die Gruppenmitglieder sich ihres Rückfalls auf archaische Muster bewusst geworden waren und verstanden hatten, dass sie sich hemmungslos einer unzivilisierten Abwehrhaltung hingegeben hatten, entlastete das die Schuldgefühle und machte die Probleme bearbeitbar. Damit sind die Schuldgefühle und Probleme natürlich nicht verschwunden. Aber durch die Reflexion auf die Muster werden sie erlaubt beziehungsweise verzeihlicher und können bearbeitet werden.

Am Ende des Workshops stand eine Art Geschäftsleitungsverfassung. Jeder einzelne verpflichtete sich, diese Verfassung einzuhalten – auch der neue Chef. Zudem wurde ein Follow-up-Workshop nach einem halben Jahr vereinbart.

Nach Ablauf der sechs Monate wurde deutlich, dass einige der Beschlüsse aus dem ersten Workshop nicht oder nur zum Teil umgesetzt wurden, weil neue Konflikte aufgetaucht waren. Diese konnten im Workshop gut bearbeitet werden. Insgesamt wurde nachjustiert und die inzwischen hoch reflexive Gruppe beschloss, die externen Berater nicht weiter zu beschäftigen. Das war sehr erfreulich, denn Gruppendynamikberater sind dann am besten, wenn sie überflüssig werden. Der neue Chef konnte die funktionsfähige Geschäftsleitung, die natürlich im ganzen Unternehmen beobachtet wurde, als Erfolg für sich verbuchen.

2.2 Wie wir uns in Gruppen verhalten

Jede Veränderung der Zusammensetzung einer Gruppe mobilisiert auf beiden Seiten Ängste (Abb. 2.4). Es gibt eine Ablehnung der neuen Person seitens der Gruppe und daneben auch einen Widerstand der Person, in die neue Gruppe hineinzukommen. Hinzu kommt eine Veränderung der Struktur der Beziehungen in der Gruppe aufgrund von Doppelmitgliedschaften. Sie führen zu Differenzen im Normensystem, die unvermeidbar sind.

Doppelmitgliedschaften entstehen zwangsläufig im Laufe der Entwicklung jedes Menschen, wenn sich verschiedene Gruppenzugehörigkeiten ergeben. Schon die Affen und später auch der Homo sapiens lebte in Familienverbänden, deren Überleben von der erfolgreichen Verteidigung ihres Territoriums abhing. Eine besonders hohe Aggressivität in Territorialkonflikten sicherte den Fortbestand der Gruppe. Kein Schelm, wer in diesem archaischen Muster eine wesentliche Ursache der heutigen Asylproblematik sieht.

Mit der höheren Entwicklung der Zivilisation wuchs jedoch die Komplexität des Umfelds und die Möglichkeit, den Familienverband zu verlassen. Junge Männer wechselten mit Beginn der Pubertät von dem durch Mütter und Großmütter geprägten Regelsystem zu einer Jagdgruppe, einer Männergang. Sie lernten damit ein anderes Normensystem kennen. Hier galt: Alle sind gleich, einer für alle und

Abb. 2.4 Video 2.3 „Interaktionsmuster justieren" (https://doi.org/10.1007/000-0k9)

alle für einen. Diese Form der Gleichschaltung wird in der weiblich geführten Familie nicht gelehrt. Die Jungs haben daher noch vor dem Eintritt ins Erwachsenenleben gelernt, sich in zwei Normensystemen zu profilieren. Die Doppelmitgliedschaft in Familie und Gang lehrte Normensysteme zu relativieren.

In der nächsten Entwicklungsstufe begannen ähnliche Gruppen verschiedener Stämme, die keine familiären Bindungen hatten, Clans zu bilden. Die Clanmitglieder bekundeten ihre Zugehörigkeit durch sichtbare Symbole, wie beispielsweise Federn als Kopfschmuck. Claude Lévi-Strauss prägte für diese Phase der Entwicklung der Menschheit den Begriff Totemismus. Dieser sogenannte Totemismus ist die Geburtsstunde des heutigen Markenfetischismus, des Brandings. Marken sind die Totemclans der Neuzeit. Ein Auto zum Beispiel ist ein Status- und zugleich ein Totemsymbol.

2.2.1 Rituale und Initiationsriten

Wie im vorhergehenden Kapitel beschrieben, wurden im Laufe der Menschheitsgeschichte Krisensituationen, in denen die Menschen auf archaische Muster zurückfallen, durch vorgegebene Verhaltensweisen kulturell verträglich gestaltet. Man nennt solche geregelten Verhaltensweisen Rituale. Durch das Befolgen von Ritualen entgehen Menschen dem Rückfall auf unbrauchbare Muster und bleiben hiermit auf der Höhe der Zivilisation.

2.2 Wie wir uns in Gruppen verhalten

Jeder Mensch muss im Laufe seines Lebens verschiedene Krisen bewältigen, da er sich immer wieder neue Zugehörigkeiten erwerben muss. Das ist grundsätzlich mit Unsicherheit und einem gewissen Angstpotenzial behaftet, denn man muss sich in der neuen Zugehörigkeit erst zurechtfinden und weiß nicht, ob das gelingen wird und was einen erwartet. Im Laufe der Kulturentwicklung haben sich für solche Situationen Rituale – sogenannte Initiationsriten – etabliert, um nicht auf archaische Muster zurückzufallen.

In allen Kulturen finden wir Rituale, die anlässlich der großen Lebenseinschnitte, wie zur Geburt eines Kindes, zum Beginn der Pubertät, der Hochzeit und dem Tod, abgehalten werden. Hinzu kommen weitere Veränderungen, wie zum Beispiel der Eintritt in eine neue Altersgruppierung: Junge Männer kommen in die Gesellschaft der erwachsenen Männer, junge Frauen in die Gesellschaft der erwachsenen Frauen, Mitglieder einer Gruppe wechseln in eine andere Gruppierung.

Jeder Neuling in einer Gruppe muss sich bestimmten Ritualen unterziehen wie beispielsweise ein Student, der in eine Studentengruppe kommt oder ein Novize, der zum Priester geweiht wird oder ein Bürgerlicher, der mit dem Ritterschlag adelig wird, um nur die bekanntesten zu nennen. Auch stehen am Ende vieler Ausbildungen nicht nur Zertifikate, sondern oft auch Titel wie Geselle, Meister, Bachelor, Master oder Doktor, die ein Tor zu neuen Zugehörigkeiten öffnen. Es haben sich in unserer Gesellschaft vielerlei weitere Initiationsrituale entwickelt, wie etwa Feste anlässlich des Eintritts in einen neuen Lebensabschnitt oder in eine neue Gemeinschaft.

Die Aufnahme eines jungen Erdenbürgers nach der Geburt in die christliche Glaubensgemeinschaft wird durch das Ritual der Taufe vollzogen. Der Neuankömmling wird in Wasser getaucht, um damit das Problem der Zugehörigkeit zur alten Gruppe abzuwaschen. Er kommt als neuer Mensch wieder heraus.

Dieses Sterben des alten Menschen und die Auferstehung eines neuen in der neuen Gruppierung ist in allen Fällen ein emotional sehr belastender Prozess – für beide Seiten. Mitunter werden die Initialisierungen von der aufnehmenden Gruppe mit übertriebener Strenge durchgeführt, wie beispielsweise in Studentenorganisationen oder Sportgemeinschaften. Die Aufnahme in die neue Gemeinschaft ist oft nicht nur an schwierige, sondern auch an gefährliche Prüfungen geknüpft.

Im akademischen Bereich ist der Übertritt in eine neue Zugehörigkeit durch einen institutionalisierten Werdegang geregelt. Wer alle Prüfungen besteht, wird als Vollmitglied in die Gemeinschaft aufgenommen und bekommt einen akademischen Grad oder einen Titel, der seine Zugehörigkeit zu einer bestimmten Gruppe bescheinigt. In gewisser Weise finden wir diese Prüfungen des Neuankömmlings bei allen Onboarding-Situationen. Auch der Verlust einer Person, etwa durch den Tod, ist in allen Kulturen ritualisiert, in Form von Begräbnissen oder Verabschiedungszeremonien. Modern übersetzt sind sie nichts anderes als On- bzw. Offboarding-Rituale.

In den Initiationsriten spiegeln sich die Ängste wider, die auf beiden Seiten herrschen. Auf Seiten des Neuankömmlings gibt es Ängste, was ihn in der neuen Gruppierung erwarten wird. Auf Seiten der Gruppe gibt es Ängste, wieweit der Neuankömmling in die Gruppe hineinpasst oder sie sich anpassen muss. Die Initiationsriten beziehen sich deshalb grundsätzlich immer auf die Gruppierung, nie auf eine Einzelperson. Sie tragen dazu bei, die aus der Stammesgeschichte ererbten Abwehrreaktionen in gesellschaftlich verträgliche Verhaltensweisen zu transformieren.

2.2.2 Doppelmitgliedschaft und interne Gruppendifferenzierung

Die Doppelmitgliedschaft war eine der ersten großen Entwicklungsschritte in der Geschichte der internen Differenzierung von Gruppen. Ursprünglich – so wie auch heute noch im Tierreich zu beobachten – mussten sich die Mitglieder einer Gruppe dem Normensystem bedingungslos unterwerfen beziehungsweise wurden dazu erzogen. Abweichendes Verhalten eines Mitglieds war gefährlich und wurde bestraft, weil es die Einheit der Gruppe gefährdete. Zudem schwächte es die Gruppe gegenüber einer konkurrierenden, in sich einheitlichen Gruppe. Tötung oder Ausschluss eines Außenseiters oder Abweichlers war daher das normale Programm, um Konformitätsdruck zu etablieren und zu erhalten.

Im Zuge wachsender Komplexität durch Umweltänderungen, die zum Beispiel einen Habitatwechsel erforderten, waren unterschiedliche Fähigkeiten gefragt. Es gab Individuen, die über bestimmte Fertigkeiten verfügten, die andere nicht besaßen, wodurch sie sich zu Spezialisten entwickelten. Ihr abweichendes Verhalten war notwendig und hilfreich für die Gruppe, erstmals wurde dadurch auch Arbeitsteilung möglich. Diese Spezialisten durften nicht ausgestoßen oder bestraft, sondern mussten für ihre besonderen Fähigkeiten belohnt werden. Dies wurde durch die Bildung von Untergruppen erreicht, die jeweils ihre eigenen Regeln und Traditionen entwickelten, die sich der jeweilige Neuankömmling erst aneignen musste.

So kamen die jungen Männer in die Gruppe der Jäger und hatten damit zusätzlich zu ihrer familiären Gruppe eine zweite Mitgliedschaft. Die beiden Gruppen hatten jeweils unterschiedliche Normensysteme und Regeln. Die damit verbundene Doppelmitgliedschaft erforderte einen großen Lernprozess und förderte eine höhere Flexibilität. Was in der einen Gruppe erlaubt war, war unter Umständen in der anderen verboten. Prinzipiell hat jede Gruppe ihre eigenen Vorschriften und Freiheiten und unterscheidet sich so von anderen Gruppen.

2.2 Wie wir uns in Gruppen verhalten

Die Tatsache, dass jede Person Zugehörigkeiten zu verschiedenen Gruppen oder Clans besitzen durfte, war Voraussetzung für die Expansion der Gruppen in fremde Gefilde. Dies wurde unter anderem durch Exogamie ermöglicht, nämlich durch die Einheirat einer Person eines Clans in einen anderen Clan. Über die Exogamie kam es zur Bildung größerer Einheiten, die über Stammes- und Gruppengrenzen hinaus möglich wurden. Die Menschen, die diese Entwicklungsschritte machten, hatten aufgrund des nun möglichen Risikoausgleichs zum Beispiel größere Überlebenschancen als die anderen. Die vorher fremden Gruppen waren nicht mehr Feinde oder Nahrungskonkurrenten, sondern Freunde durch angeheiratete Verwandtschaft geworden, die einem in Krisensituationen halfen.

Diese Form von Doppelmitgliedschaft hat sich über die Jahrtausende kontinuierlich weiterentwickelt. So kommen Kinder heute frühzeitig in den Kindergarten oder in die Schule, um sich in anderen Gruppierungen zurechtzufinden und verschiedene Normensysteme zu erleben. In unserer modernen Zivilisation besitzt jedes Individuum die Mitgliedschaft in mehreren Gruppierungen. Die Aufnahme erfolgt jeweils über mehr oder weniger deutlich ausgeprägte Initiationsriten.

2.2.3 Soziale und emotionale Reflexivität als Voraussetzung für effektive sachliche Zusammenarbeit

Bei jedem Neuanfang, wie z. B. dem Onboarding in ein Unternehmen, geht es um das wahrscheinlich schwierigste Problem, das Menschen zu bewältigen haben: die individuelle und kollektive Identitätsbildung. Sie fordert von jedem Menschen die Auseinandersetzung mit einigen Widersprüchen. Einerseits ist jeder Mensch ein Individuum mit bestimmten Eigenschaften, Wünschen, Vorlieben, Stärken und Schwächen. Andererseits ist er Mitglied einer Gruppe, in der einige seiner individuellen Eigenschaften geschätzt werden, andere wiederum nicht. Bei unvermeidbaren Doppelmitgliedschaften kann es sogar sein, dass eine bestimmte Eigenschaft in einer Gruppe geschätzt wird und in einer anderen nicht. Wir müssen daher ständig Anpassungsleistungen erbringen.

Wenn eine Gruppe sich aus Individuen zusammensetzt, die ihre jeweiligen Qualitäten einbringen müssen, um arbeitsfähig zu werden, hat sie Widersprüche zu bewältigen. Die eine oder andere Vorliebe muss modifiziert werden. „Ich will immer als Erster das Wort ergreifen." oder aber „Ich will immer das letzte Wort haben.", um nur zwei Beispiele zu nennen, sind in funktionsfähigen Gruppen nicht opportun. Jedes Gruppenmitglied muss von einigen oder vielen seiner Gewohnheiten absehen. Dieser Prozess wird beschleunigt durch den sogenannten Konformitätsdruck, den viele Gruppen irgendwann entwickeln müssen, um eine einheitliche Richtung der Entscheidungen zu erreichen. Dieser Konformitätsdruck bedeutet immer, einen großen Teil individueller Identität aufzugeben.

In einer arbeitsteiligen Gesellschaft wie unserer brauchen wir aber gerade die unterschiedlichen individuellen Fähigkeiten. Hauptsächlich die individuellen Unterschiede machen die Stärke einer Gruppe aus. Der eine weiß dieses besser, der andere jenes. Die Koordination und das Ausbalancieren all dieser Widersprüche ist ein langwieriger und hochdynamischer Prozess. Er kann sich in neuen Gruppen über lange Zeit, meist mehrere Monate, hinziehen, insbesondere, wenn dies nebenbei in Arbeitssituationen durchgeführt wird. Der Ausgang dieser Koordination ist besonders dann äußerst ungewiss, wenn es sich um die Integration eines neuen Mitglieds handelt. Durch die Installation hochreflexiver Gruppen lässt sich dieser Prozess abkürzen und zu einem weitgehend sicheren Ausgang führen.

Aus einer hierarchisch strukturierten Gruppe soll eine hoch reflexive Gruppe mit einem engen Kommunikationsnetz entstehen (s. Abb. 2.5).

Hierarchisch organisierte Gruppen müssen einen längeren Lernprozess durchlaufen als Gruppen, die über ein enges Kommunikationsnetz verfügen

(s. Abb. 2.6a), auch wenn nicht alle Mitglieder in gleicher Nähe zum Zentrum stehen (s. Abb. 2.6b)

Die Integration einer neuen Person in eine Gruppe ist dann gelungen, wenn sie auf der sachlichen und der sozialen Ebene akzeptiert wird. In Literatur und Praxis wurde mehrfach nachgewiesen und beschrieben, dass es eine Illusion ist, soziale Akzeptanz als Folge von fachlicher Akzeptanz zu erwarten.

Ein Beispiel dazu liefert unter anderem der Soziologe Michael A. West (1996): Er nimmt den Begriff der Teamreflexivität in den Fokus und sieht in ihr einen wesentlichen Faktor für die erfolgreiche Integration neuer Teammitglieder. Teamreflexivität besteht aus zwei Komponenten: einer Aufgabenreflexivität und einer sozialen Reflexivität. Wenn im Team Ziele und Arbeitsstrategien regelmäßig aufeinander abgestimmt werden, zeichnet es sich durch eine hohe Aufgabenreflexivität aus. Wenn Konflikte aktiv gelöst werden, Kollegen sich in Engpasssituationen

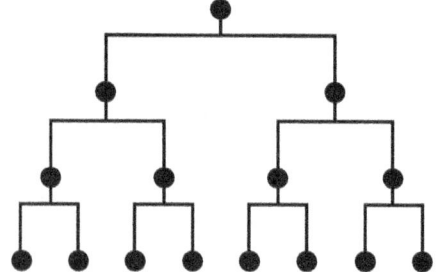

Abb. 2.5 Schema einer hierarchisch strukturierten Gruppe

2.2 Wie wir uns in Gruppen verhalten

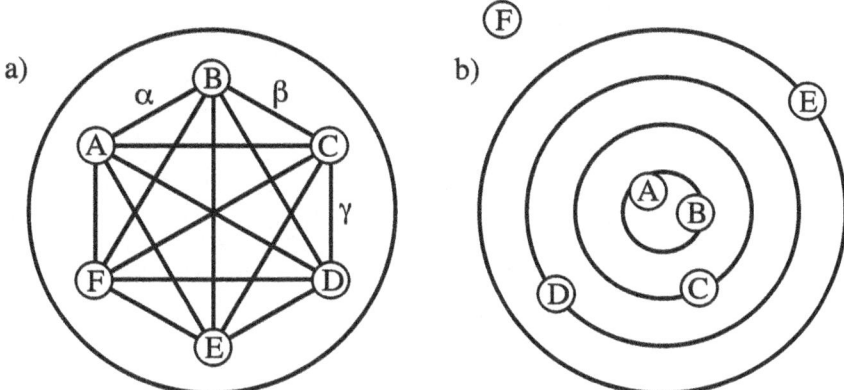

Abb. 2.6 a Schema einer gut integrierten Gruppe. b Schema von unterschiedlich gut integrierten Gruppenmitgliedern. (Entnommen aus Organisationsdynamik von Ber Pesendorfer)

unterstützen und Teammitglieder Wissen aktiv teilen, sprechen wir von einer hohen sozialen Reflexivität. Wenn beide Komponenten hoch sind, spricht West von einem voll funktionsfähigen Team, das in der Lage ist, eine hohe Teamleistung zu erbringen, das Wohlbefinden der Teammitglieder zu sichern und die Lebensdauer des Teams zu verlängern.

Hoch reflexive Teams oder Gruppen sind somit aus zwei Gründen für die Integration neuer Mitarbeiter von Vorteil. Erstens werden Aufgaben, Ziele und Strategien regelmäßig thematisiert und damit wichtige Informationen für die Einarbeitung zur Verfügung gestellt, im Sinne von: „So machen wir das hier!"

Dies darf natürlich nicht über die Köpfe hinweg konstatiert werden (s. Abb. 2.7).

Zweitens wird der Umgang der Teammitglieder untereinander regelmäßig auf den Prüfstand gestellt und liefert wichtige Erkenntnisse über das soziale Miteinander, im Sinne von: So gehen wir miteinander um (Zitiert aus Klaus Moser: Onboarding – Neue Mitarbeiter integrieren, 2018, S. 99).

An diesem Zitat sind mehrere Dinge interessant. Es repräsentiert in einigen Punkten gut die durchgängige Meinung der Onboarding-Theoretiker und Praktiker: Fast niemand leugnet, dass es auch eine soziale Reflexivität geben muss. Sie wird aber immer nachgeordnet. Überspitzt formuliert: Wenn die Sachkompetenz da ist, wird die Sozialkompetenz (automatisch) folgen. Nach unseren wissenschaftlichen Arbeiten und Jahrzehnten praktischer Erfahrung ist es genau umgekehrt: Nur wenn es eine soziale und emotionale Akzeptanz gibt, kann jemand mit Sachkompetenz punkten (Ergebnis u. a. der Forschungsarbeit zur Dissertation von Walter Friederichs: Der Einfluss von Gefühlen auf Kaufentscheidungen).

Abb. 2.7 Zieldiktat

Ohne emotionale und soziale Anerkennung in einer Gruppe kann eine hohe Sachkompetenz sogar zu erhöhten Widerständen gegen diese Person führen. „Was der wohl glaubt, uns alles sagen zu können!" Die Reihenfolge ist umgekehrt: Priorität haben nicht die Aufgabenziele, sondern der Umgang der Teammitglieder untereinander. Erst nachgeordnet müssen die Sachprobleme bearbeitet werden (Abb. 2.8).

In dem obengenannten Zitat leuchtet das technomorphe Grundmodell durch: „So machen wir das hier!" Das Denkmodell dahinter ist ein Mosaik oder Puzzle, in das der Neuankömmling hineingefügt werden muss. In den meisten Publikationen wird die Methode des Coachings als Integrationsinstrument verwendet, um die zu integrierende Person an die neue Gruppe anzupassen.

Wir gehen primär von der sozialen Reflexivität und den emotionalen Realitäten aus. Es gilt also eher, Gefühle zu erkennen und zu akzeptieren, Tabus anzusprechen sowie Rückkoppelungsprozesse zu installieren und den Umgang mit Feedback im sozialen Miteinander zu trainieren.

2.2.4 Szene aus der Arbeitswelt – Machtspiele

In einem mittelständischen Unternehmen wurde ein neuer Abteilungsleiter für den Außendienst gesucht und gefunden. Der Geschäftsführer nahm sich Zeit, den neuen Abteilungsleiter an seinem ersten Arbeitstag der Gruppe, die er führen sollte, vorzustellen. Im Anschluss an seine offizielle Einführung setzte sich der Neue al-

2.2 Wie wir uns in Gruppen verhalten

Abb. 2.8 Soziale (In-)Kompetenz

lein mit seinen Mitarbeitern zusammen und erzählte seinen beruflichen Werdegang. Der Empfang war zunächst sehr freundlich, er erhielt sogar anerkennende Worte. Dann stellte sich die Gruppe mit ihren Erwartungen an den neuen Chef vor. Darunter war eine Reihe von Wünschen, die er als neuer Abteilungsleiter für die Gruppe durchsetzen sollte. Neben Gehaltsforderungen und neuer Zeiteinteilung legte die Gruppe vor allem Wert darauf, in andere Räume umzuziehen. Der neue Abteilungsleiter war erschrocken über die gleich in der ersten Sitzung gestellten Ansprüche. Aus Angst, es sich mit der Gruppe zu verderben, unterdrückte er jedoch seine eigentliche Meinung und sagte mehr oder weniger halbherzig zu, alle Wünsche zu vertreten. Das Meeting endete harmonisch.

Am nächsten Tag berichtete ein Mitarbeiter aus der Gruppe dem Geschäftsführer, was der neue Abteilungsleiter alles zugestanden hatte. Besonders heikel darunter war das Umzugsthema, denn der oberste Chef hatte einen Umzug in andere Räume bereits mehrfach kategorisch abgelehnt. Verärgert ließ der Geschäftsführer den neuen Abteilungsleiter zu sich kommen und ordnete an, was er tun beziehungsweise lassen sollte. Der Abteilungsleiter bekam wieder Angst und versprach, sich natürlich an die Anordnungen seines Vorgesetzten zu halten.

In der nächsten Sitzung wurde der Abteilungsleiter von seinen Mitarbeitern minutiös über seine Unterredung mit dem Chef befragt. Er gestand, dass er die Wünsche der Gruppe beim Chef nicht durchsetzen konnte und trug stattdessen die Erwartungen des Chefs vor. Daraufhin wurde das Klima immer frostiger. Am Ende

Abb. 2.9 In einer schlechten Sandwich-Position

schlug ihm so große Ablehnung und Aggression entgegen, dass der neue Abteilungsleiter sogar überlegte zu kündigen (Abb. 2.9).

In dieser Bedrängnis wandte er sich an die Personalabteilung, die aufgrund des Gesprächs beschloss, eine gruppendynamische Beratung zur Schlichtung des Konflikts einzuschalten.

Nach Interviews mit den Gruppenmitgliedern und dem Chef wurde zu einem Workshop eingeladen. Zunächst referierten die Berater über die Ergebnisse der Interviews. Dabei wurde klar, dass es sich bei dem aufgetretenen Problem um zwei Gegensätze handelte, um die im Unternehmen schon länger gerungen worden war, und die nun auf dem Rücken des neuen Abteilungsleiters ausgetragen werden sollten. Der Abteilungsleiter befand sich in einer Sandwich-Position zwischen den ihm Unterstellten und seinem Chef, dem er selbst unterstellt war. Diese Position konnte nur zu einer Doppelverräter-Rolle führen. Das wurde durch die Ausführungen der Gruppendynamikberater für alle offensichtlich.

Nach dieser Offenlegung des Dilemmas, in dem sich der Abteilungsleiter befand, wurde auch der Chef in den Workshop gebeten und mit dem Status quo konfrontiert. Wie sich herausstellte, kamen die diversen Konflikte erstmals offen auf den Tisch und konnten somit bearbeitet werden. Beide Seiten beschlossen, ihre Konflikte nicht auf dem Rücken des Abteilungsleiters auszutragen und sprachen ihm vorerst das Vertrauen aus. In einem anschließenden vertraulichen Gespräch räumte der Geschäftsführer den Beratern gegenüber ein, dass schon zwei Abteilungsleiter vorher an diesen Konflikten gescheitert waren.

Ein Plädoyer für die Heterogenität von Teams

3

Inhaltsverzeichnis

3.1 Wie wir Hürden nehmen 26
    3.1.1 Nicht nur eine Person, sondern das Team muss lernen 27
    3.1.2 Hürden des Integrationsprozesses 32
    3.1.3 Genderspezifische Unterschiede bei der Integration 34
    3.1.4 Der weibliche Führungsstil 35
    3.1.5 Der männliche Führungsstil 36
    3.1.6 Führungsstile und Gruppenreaktionen 39
    3.1.7 Integration bei verschiedenen Gruppenkonstellationen 43
    3.1.8 Integration entlang der drei Gerechtigkeiten 48
    3.1.9 Szene aus der Arbeitswelt – archaische Musterfalle 50
3.2 Was uns stark macht 52
    3.2.1 Vorteile von Teamentscheidungen gegenüber Einzelentscheidungen ... 52
    3.2.2 Aufgabenadäquates Vorgehen 53
    3.2.3 Vorteile von hoch reflexiven Gruppen 55
    3.2.4 Beziehungen innerhalb von Teams erkennen 57
    3.2.5 Wirkung des sozialen Umfelds auf Teams 60
    3.2.6 Szene aus der Arbeitswelt: Enttäuschte Erwartungen 62

Elektronisches Zusatzmaterial Die elektronische Version dieses Kapitels enthält Zusatzmaterial, das berechtigten Benutzern zur Verfügung steht https://doi.org/10.1007/978-3-658-29937-8_3. Die Videos lassen sich mit Hilfe der SN More Media App abspielen, wenn Sie die gekennzeichneten Abbildungen mit der App scannen.

© Springer Fachmedien Wiesbaden GmbH, ein Teil von Springer Nature 2020
W. Friederichs, G. Schwarz, *Innovationsdynamik aktivieren*,
https://doi.org/10.1007/978-3-658-29937-8_3

3.1 Wie wir Hürden nehmen

Zum einen scheitern wir an unseren archaischen und automatisierten Mustern, wenn sie nicht erkannt werden und unbearbeitet bleiben (Abb. 3.1).

Zum anderen stolpern wir über die Fehleinschätzung zwischenmenschlicher Beziehungsdynamiken.

Mobbing im Team oder eine unkommentiert durch die Organisation florierende Gerüchteküche können in Windeseile jede noch so gute Strategie und jeden guten Willen zunichtemachen. Oft sind es unbedachte Äußerungen, die eine Lawine des meist verdeckten Protests gegen Personen bis hin zu offener Arbeitsverweigerung auslösen. Wer beherzigt, dass die Botschaft immer erst durch den Empfänger entschlüsselt wird und dass dieser immer Teil eines Systems, einer Gruppe ist, hat große Chancen, gut im Team und mit den verschiedensten Gruppen in Organisationen zu arbeiten. Es gilt der altbewährte Satz jeder Kommunikation: „Ich wusste erst, was ich sagte, nachdem ich die Antwort darauf gehört hatte."

Auch die Redewendung „gesagt – getan" ist zu hinterfragen, wie folgende bekannte Stufenleiter illustriert:

Abb. 3.1 Video 3.1 „Konsensfähigkeit und Genderlogik" (https://doi.org/10.1007/000-0kc)

> gemeint ist noch nicht gesagt
> gesagt ist noch nicht gehört
> gehört ist noch nicht verstanden
> verstanden ist noch nicht einverstanden
> einverstanden ist noch nicht getan
> getan ist noch nicht gut getan
> gut getan ist noch nicht akzeptiert etc

Oft hilft die alte Volksweisheit: „Schlaf eine Nacht darüber, und dann erst gib deine Meinung bekannt." Rat bei Personen des eigenen Vertrauens zu suchen, sich mit sachkompetenten Menschen auszutauschen, ist eine sehr gute Strategie, um die Gefahr des Scheiterns einzudämmen. Ansonsten gilt Konfuzius: „Der niedrige Mensch sucht seine Fehler zu beschönigen".

3.1.1 Nicht nur eine Person, sondern das Team muss lernen

Lange Zeit war der Irrglaube verbreitet, der Onboarding-Prozess sei eine Sache des Individuums. Mit zunehmender Erfahrung stellte sich heraus: Das Team in toto, das ganze System, die gesamte Organisation muss lernen, wenn eine Person in eine Gruppe hineinkommt. Die neue Person stellt nicht nur neue Beziehungen von sich zu anderen her, sondern es verändern sich durch die neue Person auch alle Beziehungen der alten Gruppenmitglieder zueinander sowie in der Folge deren Beziehungen zu anderen Gruppen des Systems, der übergeordneten Organisation.

Es gibt daher drei Ebenen des Lernens bei der Integration:

1) Alle Individuen müssen sich neu orientieren.
2) Alle Beziehungen ändern sich.
3) Jede Beziehung zu den anderen Beziehungen muss neu definiert werden.

Für eine erfolgreiche Eingliederung neuer Mitarbeiter gilt es daher, einen komplexen Lernprozess einzuleiten und zu steuern. Nicht nur die zu integrierende neue Einzelperson muss die Regeln und Strukturen der bestehenden Gruppe kennenlernen, das ganze Team muss seine Funktionsfähigkeit neu justieren. Ein solcher Lernprozess braucht Zeit und darf nicht in realen Arbeitssituationen sozusagen nebenbei stattfinden.

Es haben etwa Statements, die einen Sach-Sinn ausdrücken, gleichzeitig auch einen Positions-Sinn. Wer einer bestimmten Person Recht gibt, widerspricht damit gleichzeitig einer anderen. Wenn umgekehrt jemand widerspricht, dann bestreitet er nicht nur einen Inhalt, sondern schwächt auch die Position der anderen Person. Solche Situationen können zu Irritationen und Konflikten führen, wenn die Gruppe noch keine Reife erlangt hat und darüber nicht reflektieren kann, und insofern noch kein Team geworden ist.

Die Begriffe Gruppe und Team werden oft unterschiedlich verwendet. Im Zuge der Globalisierung führt das Übersetzen in eine andere Sprache nicht selten zu unterschiedlichen Interpretationen. Tatsächlich haben Sachverhalte in verschiedenen Kulturen und Sprachen oft unterschiedliche Begriffsprofile, auch wenn der Sachzusammenhang identisch ist. Berühmte Beispiele sind: Ethik (griechisch) = Moral (lateinisch) = Sitte (deutsch) oder Melancholie (griechisch) = Depression (lateinisch) = Verstimmung (deutsch). Hier geht um gleiche Inhalte, aber unterschiedliche emotionale Bedeutungen.

Heute wird häufig vom Deutschen ins Englische übersetzt, wobei sich mitunter unterschiedliche Interpretationen ergeben. Gruppe und Team werden oft bedeutungsgleich verwendet, was jedoch missverständlich sein kann. Es kommt nämlich zu Unterschieden, wenn man den Reifegrad der Gruppen berücksichtigt. So wird unter Team häufig eine arbeitsfähige Gruppe verstanden. Manchmal jedoch muss ein sogenanntes „Team" erst einen Lernprozess durchlaufen, um eine arbeitsfähige Gruppe zu werden. Die Gesetzmäßigkeiten von Teambildungsprozessen werden in der Gruppendynamik (group dynamics) erforscht. Viele verwenden aber auch das Wort Teamdynamik, um diesen Zusammenhang anzusprechen. Erst im Kontext stellt sich die Bedeutung von Team und Gruppe heraus. Die Prozesse, die eine anfangs unreife Gruppe zu einer reifen Gruppe machen, sind jedoch immer dieselben, so wie jede Gruppe anfangs unreif ist. Auch wenn eine neue Gruppe aus Gruppendynamiktrainern zusammengestellt wird, ist diese unreif und durchläuft dieselben Prozesse wie jede andere Gruppe, vielleicht etwas schneller.

Reifungsprozesse von Gruppen brauchen viel Zeit, allerdings viel weniger, wenn auf die Kommunikationsstruktur direkt reflektiert werden kann. Wir sprechen dann von der Reflexion auf der Metaebene. Dieser Prozess lässt sich durch das Hinzuziehen von Gruppendynamikberatern beschleunigen. Die Berater sollten von außen geholt werden, um eine Befangenheit zu verhindern. Befangen heißt, in einen Prozess integriert zu sein und damit zwangsläufig eigene Interessen verfolgen zu müssen. Dies gilt zum Beispiel notwendigerweise für die Chefs der Gruppe, aber auch für Mitarbeiter der Personalabteilung einer Organisation. Externe Berater, die hereinkommen und nach ihrer Arbeit wieder gehen, integrieren sich naturgemäß nicht in den emotionalen und sozialen Gruppenprozess.

Für hoch reflexive Gruppen eignen sich speziell auf die jeweilige Situation zugeschnittene Workshops, um den Integrationsprozess bzw. den damit einhergehenden Lernprozess zu steuern und zu intensivieren. Solche Workshops können als die moderne Variante von Initiationsriten für hoch reflexive Gruppen im digitalen Zeitalter angesehen werden. Die sich heute immer schneller ändernden Umfeldbedin-

3.1 Wie wir Hürden nehmen

gungen erfordern in jeder Situation hoch reflexive Systeme. Hoch reflexive Gruppen sind nicht nur bei der Integration von neuen Mitgliedern von Vorteil, sondern auch in normalen Arbeitssituationen, weil sie eine viel größere Anpassungsfähigkeit haben. Unternehmen können beim Onboarding solche Integrationsprozesse bewusst nutzen, um eine höhere Effizienz der bisherigen Gruppen zu erreichen. Das ist sinnvoll, da es immer mehr und häufiger Situationen gibt, die nur von hoch reflexiven und effizienten Gruppen erfolgreich bewältigt werden können.

Sehen wir uns etwas genauer an, welche Herausforderungen jede Veränderung der Mitgliederzusammensetzung für Gruppen und Systeme nach sich zieht. Es treten sowohl bei der Person, die in eine Gruppe hineinwachsen soll, als auch bei den anderen Gruppenmitgliedern große Spannungen und Ängste auf. Das ist unausweichlich, weil das neue Gruppenmitglied die bisherige Struktur der Gruppe grundsätzlich infrage stellt. Diese Problematik ist umso größer, je kleiner die Gruppe ist. Abb. 3.2 illustriert das Dilemma.

Wir sehen, dass mit jeder neu hinzukommenden Person neue Beziehungen entstehen, wodurch auch alle anderen Beziehungen verändert werden. Denn das neue Mitglied muss zu jedem anderen Mitglied der Gruppe in Beziehung treten und verändert damit alte Strukturen. Diese Veränderungen stellen für jede Gruppe eine Krise dar. Eine Intervention in einer neu zu formierenden Gruppe richtet sich daher nicht allein auf das Individuum oder auf bilaterale Beziehungen, sondern es geht immer auch um das Verhältnis der Beziehungen zueinander. Das ist eine dritte Ebene der Intervention, die meist übersehen wird. Der externe Gruppendynamikberater hat aufgrund seiner Unbefangenheit alle drei Interventionsebenen im Blick (Abb. 3.3).

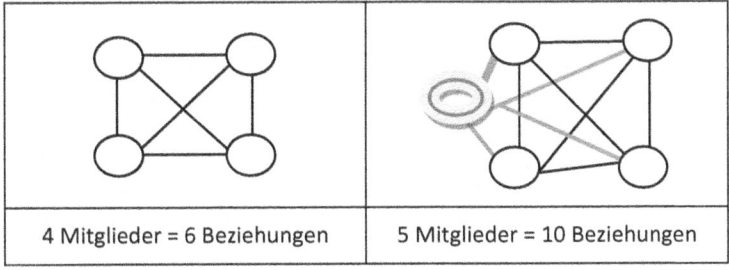

Abb. 3.2 Anzahl der Beziehungen (N = Mitglieder): $\dfrac{N \times (N-1)}{2}$

Abb. 3.3 Beziehungsmuster (https://doi.org/10.1007/000-0kb)

1. Die Ebene des Individuums

Diese Ebene wird bereits beim Auswahlverfahren beleuchtet. Hier wird u. a. gefragt: Wie ist die Eignung des Kandidaten für diese Position? Wie hoch sind seine Fach- und seine Sozialkompetenzen? Wie ist die bisherige Führungskarriere verlaufen? Usw.

Diese individuelle Ebene spielt auch in der Gruppe eine große Rolle. Es geht darum: Wer hat welche Präferenzen? Wer verfolgt welche Interessen? Wer wird vermutlich durch die Ankunft des Neuen eine Verbesserung und wer eine Verschlechterung seiner Position erfahren? Usw.

2. Die Ebene der Beziehungen

Hier wird analysiert: Wie gestalten sich die Beziehungen in diesem Sozialgebilde? Welche Gruppierungen (Paare, Dreiecke etc.) gibt es? Wer kooperiert mit wem? Welche Gruppenkonstellationen gibt es? Welche dieser Konstellationen haben welche Qualitäten?

Eine besondere Schwierigkeit tritt auf, wenn das neue Gruppenmitglied im Ranking der Gruppe von oben einzusteigen versucht. Die vorhandenen Gruppenmitglieder sehen sich in Relation dazu in ihrer Position gefährdet.

3. Die Ebene von Beziehung zu Beziehung

Leicht verstehen lässt sich diese Ebene an einem Beispiel von Kränkungen in einer eifersuchtsanfälligen Dreiecksbeziehung (s. Abb. 3.4).

Abb. 3.4 Dreiecksbeziehung

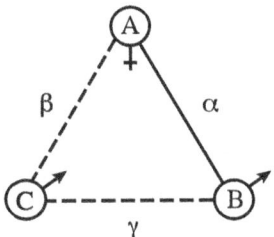

Ein Liebespaar (A+B) wird mit einer dritten Person konfrontiert – zum Beispiel mit einem Freund des Mannes (C). Dieser verliebt sich in die Frau. Nun haben wir es mit drei Personen zu tun: Im Allgemeinen – so nehmen wir an – sind alle drei nett, ordentlich und liebenswürdig. Auch die drei Beziehungen zwischen diesen Personen sind in Ordnung. Alle drei sind positive Beziehungen. Das Liebespaar liebt einander, nun liebt die Frau auch den Freund ihres Mannes und dieser sie auch. Der Mann schätzt seinen Freund und dieser auch ihn. Also gibt es dreimal Liebe und man könnte annehmen, dass dies doch eigentlich besser sein müsste als nur einmal oder nur zweimal Liebe. Dass es gelegentlich zu Komplikationen kommt, liegt nicht an den Individuen. Alle drei sind nett und liebenswert. Es liegt auch nicht an den einzelnen Beziehungen. Alle drei sind, jede für sich, ist in Ordnung. Die Problematik liegt in dem „jede für sich". Die Störung entsteht auf der Ebene von Beziehung zu Beziehung. Im Beispiel ist das möglicherweise die Beziehung des Freundes zur Frau des Freundes, wenn sie ursprünglich eine als exklusiv verstandene Beziehung des Liebespaares war. Vermieden werden diese Konflikte von Beziehung zu Beziehung gern durch Geheimhaltung. Wer in einer solchen Situation intervenieren will, müsste dort ansetzen, wo das Problem liegt. Viele Paartherapeuten oder auch Freunde des Paares, die sich als Paartherapeuten versuchen, intervenieren oft auf der falschen Ebene, also zum Beispiel beim Individuum. Es heißt dann oft: „Lass dir nichts gefallen!" oder „Sei doch tolerant!". Auch die Ebene der Beziehung ist ungeeignet für eine Intervention: „Ihr solltet vielleicht eine Paartherapie machen." Das Problem liegt im Verhältnis der drei Beziehungen zueinander, die unter Umständen einander widersprechen. Die richtige Frage lautet: „Welche Aspekte welcher Beziehung stören welche Aspekte der anderen Beziehung?"

Übertragen wir dieses Beispiel auf die Integration neuer Mitarbeiter, dann stellen sich beispielsweise die Fragen: Welche Beziehungen in der Gruppe werden durch das neue Mitglied verbessert? Welche verschlechtert? Welche werden in welche Richtung verändert? In welche Gruppierungen soll – beziehungsweise wird – sich das neue Mitglied einordnen? Will es niemand, entsteht dann eine Front der Gruppe gegen den Außenseiter? Oder gibt es einen Kampf um die Zugehörigkeit, der sich zum Beispiel durch Eifersucht auf bevorzugte Gruppierungen äußert? Wer lädt das neue Mitglied als erster auf ein Bier ein? Gab es eine Vorgeschichte mit einigen Gruppenmitgliedern und in welcher Konstellation findet diese nun eine Fortsetzung? Usw.

Im Prozess der Einordnung eines neuen Gruppenmitglieds finden mitunter ziemlich wilde Positionskämpfe statt. Sie werden im Allgemeinen auf der Sachebene ausgetragen. Das heißt beispielsweise, dass mit einer etwaigen sachlichen Zustimmung, die das neue Mitglied erhält, immer auch seine Person gemeint wird. Dasselbe gilt auch umgekehrt: Im Falle eines Widerspruchs, ist dieser Widerspruch nicht nur ein Sachargument, sondern auch ein Beziehungsargument. Es geht immer um die Person und ihre Position.

Die Kämpfe um das neue Ranking dauern im Allgemeinen ziemlich lang, oft bis zu einem Jahr und das mit ungewissem Ausgang. Nicht selten wird das neue Gruppenmitglied wieder abgestoßen.

Im Zuge dieser Positionskämpfe um die Veränderung in der Gruppenstruktur und im Zuge der Integration des neuen Mitglieds werden oft Sachentscheidungen aufgeschoben und darüber hinaus Fehlentscheidungen getroffen. Die Gruppe, die sich in der Krise befindet, kann sogar in eine Art Panik verfallen und einen Teil ihrer Leistungsfähigkeit einbüßen. Bei Gruppen mit geringerer Reflexivität können solche Situationen außerdem zur Auflösung führen. Unzufriedene Mitarbeiter lassen sich versetzen, kündigen oder gehen in die innere Emigration. Diese Personen werden dann zu Ja-Sagern und Nein-Tuern: „Ich bin kein Jasager – Wenn mein Chef Nein sagt, sage ich auch Nein." Möglicherweise liegt hier einer der Gründe dafür, dass die Anzahl der Demotivierten in den letzten Jahren stetig gewachsen ist. Die beste Gegenmaßnahme ist es, hoch reflexive Gruppen einzurichten.

3.1.2 Hürden des Integrationsprozesses

Ein typischer Integrationsprozess hat einige Hürden zu nehmen. Eine wesentliche Hürde sind **archaische und automatisierte Muster.** Allein mit rationalen Konzepten sind sie nicht immer überwindbar. Im Idealfall merken die Betroffenen nichts von den Mustern. Im Regelfall stolpern sie, erkennen danach das Muster und arbeiten mit der neuen Erkenntnis weiter an einer gelingenden Integration. In zu vielen Fällen spielen diese Hürden eine so destruktive Rolle, dass die Integration misslingt. Deshalb ist es in jedem Fall wichtig, die Muster zu kennen, auf die alle Beteiligten gelegentlich zurückfallen und auf die man nur reagieren kann, weil sie automatisch auftreten.

Eine weitere Hürde ist die **sachliche Kompetenz** einer Person. Exzellenz ist in diesem Zusammenhang genauso gefährlich wie Unfähigkeit. Das Problem besteht darin, dass alle arbeitsfähigen Gruppen im Laufe der Zeit eine Art Konformitätsdruck entwickeln. Dieser ist je nach Gruppe stärker oder schwächer ausgebildet. Der Konformitätsdruck hat den Sinn, die Gruppe einheitlich handlungsfähig zu machen. Je reifer (reflexiver) die Gruppen sind, desto größere individuelle Unterschiede können sie tolerieren und dennoch als einheitliche Gruppe auftreten. Daran wird deutlich, dass sowohl eine zu geringe, aber auch eine zu hohe sachliche Kompetenz für die Integration schädlich sein kann. Bei zu niedriger Sachkompetenz ist es verhältnismäßig leichter, innerhalb oder außerhalb der Gruppe Zusatz- bzw. Ersatzkompetenz zu mobilisieren. Eine zu hohe Kompetenz birgt hingegen viel Konfliktpotenzial, weil Überkompetenz den anderen erst einmal Angst macht. Erst wenn es den Mitgliedern im emotionalen und sozialen Bereich gelingt, die hohe Kompetenz zu akzeptieren, kann diese auch genutzt werden. Andernfalls wird das Genie die Gruppe wieder verlassen.

Sachlich ist heute aufgrund der schnellen Veränderungen gerade das notwendig, was Angst macht, nämlich die in einer Gruppe nicht vorhandene Kompetenz. Hier wird der Widerspruch zwischen rational und emotional sehr deutlich: Je höher die (in einer Gruppe eventuell nicht vorhandene) Sachkompetenz eines neuen Mitglieds ist, desto größer müssen seine und die Ängste der Gruppe sein. Aber je höher diese Kompetenz ist, desto mehr wird sie sachlich auch gebraucht. Der sachliche Idealfall wird also zum emotionalen Problem. Dieser Widerspruch ist leider unvermeidlich und lässt sich nur lösen, indem er im Rahmen des Integrationsprozesses durch die Gruppe bearbeitet wird. Berühmt ist die Geschichte des Philosophen Heraklit von Ephesos. Er wurde aus Ephesos mit der Begründung vertrieben: „Unter uns soll niemand der Beste sein, wenn aber doch, anderswo und bei anderen."

Weitere Hürden der Integration sind:

- **Kulturelle Unterschiede** wie beispielsweise ein Berliner in München. Auch wenn der gesunde Menschenverstand sagt: Was interessiert uns heute noch die in der Reformation wurzelnde Feindschaft zwischen Preußen und Bayern?, sind der Saupreiß und der dumme Bayer noch immer im Volksmund verankert. Wer die Mentalitätsunterschiede zwischen Nord und Süd ignoriert, riskiert emotionale Scharmützel in der Gruppe.
- **Religiöse Spezifika** wie: Kleidung, Feiertage, Gebote für Essen, Fasten und anderes mehr können ebenfalls für Unruhe sorgen. Wenn jemand aus religiösen Gründen von der Gruppe eine extra Portion Rücksicht erwartet, muss das offen diskutiert und gegebenenfalls durch Kompromisse des Fordernden an anderer Stelle ausgeglichen werden.

- **Soziale Prägung** kann ebenso eine Hürde darstellen, wenn beispielsweise eine gute Ausbildung mit schlechten Manieren einhergeht. Für die Gruppendynamik birgt elitäre Arroganz genauso viel Sprengstoff wie ordinäres Imponiergehabe.
- **Charakterliche Eigenheiten** sind ebenfalls nicht leicht zu überwindende Integrationsbarrieren. Wer kennt sie nicht, die ewigen Rechthaber, Besserwisser, Erzieher, die unter der Maxime: „Ich bin kein Klugscheißer, ich weiß es wirklich besser!", ihre Mitmenschen ohne Mühe zur Weißglut treiben können (Abb. 3.5).

3.1.3 Genderspezifische Unterschiede bei der Integration

Nach unseren Erfahrungen macht es einen großen Unterschied, ob ein Mann oder eine Frau neu in das Unternehmen integriert werden soll und in welcher Gruppenzusammensetzung das geschieht. Dieser Unterschied wird im Zuge der angestrebten Gleichberechtigung bei Sachaufgaben und in Führungspositionen leider oft vernachlässigt, auch aus Unsicherheit oder sogar aus Angst, als Chauvinist in Verruf zu geraten. An dieser Stelle möchten wir Aufklärungsarbeit mit Fokus auf unsere stammesgeschichtliche Herkunft leisten und geben diesem Kapitel deshalb besonders großes Gewicht. Sehr wichtig ist uns dabei zu betonen: Genderspezifi-

Abb. 3.5 Vorschlagsresistenz

sche Unterschiede beschreiben keinerlei qualitative Abstufungen, sondern vielmehr eine gewaltige Ressource. Gerade in den Unterschieden schlummert die Vielfalt an Kompetenz, die für die Bewältigung der wachsenden Komplexität gebraucht wird (Abb. 3.6).

Weil zum Glück heute beide Geschlechter in Führungspositionen flexibel agieren und verschiedene Führungsstile praktizieren, machen sich die genderspezifischen Unterschiede meist erst auf den zweiten Blick bemerkbar. Die Kenntnis der stammesgeschichtlichen Entwicklung der unterschiedlichen Führungsstile für Frauen und Männer hilft uns besonders in Krisensituationen einen Rückfall in alte Muster zu verhindern bzw. ihnen souverän zu begegnen. Wenn Männer etwa einen weiblichen Führungsstil oder Frauen einen eher männlichen Führungsstil praktizieren, dann wirkt beides vom Muster her eher unglaubwürdig. Trotzdem ist es notwendig, den Führungsstil zu variieren und die zivilisatorischen Normen auf diese Weise weiterzuentwickeln. Noch einmal: Nur bei emotionalen Rückfällen spielt der Unterschied eine Rolle. Solange alle Beteiligten sachlich bleiben, bereiten die genderspezifischen Unterschiede keine Probleme.

3.1.4 Der weibliche Führungsstil

Der weibliche Führungsstil lässt sich im Wesentlichen aus der Primatenzeit herleiten. Dieser Zeitabschnitt begann vor ungefähr 35 Millionen Jahren, als unsere Vor-

Abb. 3.6 Gender Logik (https://doi.org/10.1007/000-0ka)

fahren zugleich mit anderen Primatenarten in den tropischen Regenwäldern oder den Galeriewäldern der Warmzonen lebten. Der aus dieser Zeit stammende Führungsstil lässt sich am besten mit dem Ausdruck „Go ahead" umschreiben.

Damit ist gemeint, dass nicht die Führungskraft die Richtung vorgibt, sondern die zu Führenden sollen ihren Möglichkeiten entsprechend vorangehen und ihre Fähigkeiten entfalten. Dieser Führungsstil leitet sich von der stammesgeschichtlich primären mütterlichen Aufgabe der Geburt und Erziehung der Kinder ab. Um die Kinder zu entwickeln, muss sich die dominante Mutter im Laufe der Zeit zurücknehmen und den Nachwuchs in die Selbstständigkeit führen. Bei den Primaten dauert diese Periode einige Monate. Die Zeit der Abhängigkeit der Menschenkinder von ihren Müttern und später auch von den Vätern wurde proportional zum zivilisatorischen Fortschritt immer länger. Der Führungsstil der Frauen gewann dadurch zusätzlich an Bedeutung.

3.1.5 Der männliche Führungsstil

Völlig anders als bei den Frauen verhält es sich bei den Männern. Schon mit Beginn des Lebens auf dem Boden, spätestens mit der Domestizierung des Feuers, entwickelten sich jene Hominiden besser, denen es gelang, vom Früchtesammeln und Jagen kleinerer Tieren auf die Jagd von größeren Tieren umzusteigen. Durch Fleischnahrung bekam der Mensch die Proteine, die er für die Entwicklung eines größeren Gehirns benötigte. Der Mensch wurde vom Gejagten zum Jäger, ohne sich organisch zu verändern. Unser Gebiss eignet sich bis heute nicht zum Töten von Tieren, genauso wenig wie unsere Fingernägel oder Fäuste. Wir sind, wie die Biologen es formulieren, Mängelwesen, die nicht für die Jagd geeignet sind. Im direkten Kampf mit den Tieren ist der Homo sapiens unterlegen, selbst wenn es sich um kleinere Tiere handelt, denen er durch seine Körpergröße überlegen ist. Selbstverständlich sind Elefanten oder Büffel stärker als der Homo sapiens, ebenso Raubtiere wie Löwen, Leoparden oder Hyänen. Doch auch Nicht-Raubtiere wie Antilopen oder kleinere Tiere wie Wildschweine oder Greifvögel etwa sind dem Homo sapiens im direkten Kampf überlegen. Deshalb gerieten unsere Vorfahren ursprünglich bei Gefahren in Panik und rannten davon. Wer am schnellsten davonlaufen konnte, hatte die größten Überlebenschancen. Bis heute ist Flucht beim Auftauchen einer Gefahr überwiegend eine überlebenssichernde Reaktion.

Ein solches Verhalten war jedoch nicht geeignet, aus dem Homo sapiens einen Jäger zu machen. Um vom Gejagten zum kämpferischen Jäger zu werden, musste etwas anderes eingesetzt werden als die nicht vorhandene körperliche Stärke. Dieses andere waren das Droh- und Imponiergehabe sowie die Gruppe. Menschen, speziell Männer, lernten aufgrund ihres größer werdenden Gehirns Verhaltensweisen zu unterdrücken, die für die Jagd ungeeignet waren, wie zum Beispiel Flucht.

Die Jagd stellt eine Aggressionshandlung dar, die sich nicht mit dem Fluchtverhalten verträgt. Deshalb musste sich das Fluchtverhalten in ein Aggressionsverhalten umkehren. Diese Umkehrung vom Feigling zum mutigen Helden erfolgte beim männlichen Homo sapiens kollektiv durch die Jagdgruppe. Individuell sind wir immer noch die Feiglinge, die wir schon immer waren, aber in der Gruppe sind wir stark. Die Jagdgruppe ermöglichte es, Jagd auf größere Tiere zu machen. Das war notwendig, um die Frauen, die immer längere Zeit mit ihren Kindern beschäftigt waren, ernähren zu können.

Diese kollektive Aggressivität wurde zunächst mit primitiven Waffen wie Steinen oder später mit höher entwickelten Waffen ausgetragen. Sie täuschte eine Stärke vor, die von der biologischen Organisationsform her nicht vorhanden war. Speziell der Mann legte sich diese sozusagen virtuelle Überlegenheit zu, um andere weit stärkere Tiere abzuschrecken und dann mithilfe von Waffen sogar zu jagen. Die Erfindung von Waffen war der nächste entscheidende Schritt. Sie machten aus den Feiglingen Helden. Der Mensch konnte mithilfe seines höher entwickelten Gehirns die bedingungslose Opferrolle verlassen. In Gefahrensituationen nicht einfach davonzulaufen, irritiert bis heute alle Tiere inklusive der Raubtiere. Meeresforscher wie beispielsweise Hans Hass haben festgestellt, dass sogar Haifische abdrehen, wenn ihr Opfer nicht vor ihnen flüchtet, sondern ihnen entgegenschwimmt. Auch alle anderen Tiere, die sich angriffslustig zeigen, sind irritiert oder abgeschreckt von einem ausbleibenden Fluchtimpuls.

Das kollektive und später auch individuell visualisierte Droh- und Imponiergehabe gehört stammesgeschichtlich zum Erbe des Mannes. Nicht nur bei der Jagd, sondern auch in der Gruppe erwies es sich als nützlich, Überlegenheit und Aggression zu demonstrieren (Abb. 3.7).

Die Alpha-Position einer Gruppe, die besonders in Gefahrensituationen zum Tragen kam, fiel demjenigen zu, der das stärkste Droh- und Imponiergehabe an den Tag legte. Alle anderen, weniger Tapferen bis hinunter zum letzten Feigling folgten dann diesem starken Alpha. Darauf beruht der männliche Führungsstil, der mit den Worten: „Follow me" umschrieben werden kann.

Vielleicht kann mit diesem stammesgeschichtlichen Erbe die Tatsache erklärt werden, warum sich Männer eher überschätzen und Frauen sich eher unterschätzen. Männer hatten in der Stammesgeschichte größere Überlebenschancen, wenn sie sich stärker präsentierten als sie eigentlich waren. Dazu passt, dass jungen Männern, die einen Job suchen, Prestige, also Stärke und Ansehen, besonders wichtig ist. Junge Frauen suchen hingegen in ihrem Job vergleichsweise mehr Sinn und

Abb. 3.7 Wütendes Droh- und Imponiergehabe

Stabilität. Studien, wie die der Boston Consulting Group (Der Standard, Junge Frauen suchen Sinn und Stabilität von Selina Thaler, 03./04.11.2018), belegen dies.

Als Waffe kann auch eine Männergang fungieren, da sie Sicherheit gibt. Diese Sicherheit scheint sich auch auf das männliche Individuum übertragen zu haben und ist wahrscheinlich der Grund dafür, dass sich Männer besonders im Schutz der Gang gerne überschätzen. Sie haben gelernt, dass sich andere vor ihnen fürchten, wenn sie sich in starker Pose präsentieren. Bei Frauen würde eine überhöhte Selbstdarstellung aufgrund ihrer ohnehin schon großen Macht als Mutter kontraproduktiv wirken.

Durch die Identifikation mit diesen Verhaltensmustern entsteht bei den Männern die Tendenz der Überschätzung und bei den Frauen die der Unterschätzung. So ist beispielsweise statistisch nachgewiesen, dass Frauen bei Gehaltsverhandlungen ihre Qualitäten weniger oder gar nicht hervorheben. Eine Befragung bei Bewerberinnen ergab, dass sie sich selber nicht zu hoch einschätzen wollen.

Das Selbstbild von Männern und Frauen entspricht in umgekehrter Weise dem realen Bild (s. Abb. 3.8).

Der männliche Führungsstil mit dem Motto „Mir nach!" verpflichtet dazu, Sicherheit zu vermitteln, zu wissen, was richtig ist, mutig voranzugehen, alle hinter mir. Die Gruppenmitglieder suchen Sicherheit und folgen lieber in großer Konformität und Harmonie – mitunter bedingungslos – ihrem starken Anführer als ihm zu widersprechen.

3.1 Wie wir Hürden nehmen

Abb. 3.8 Selbstbild und Spiegelbild (Karikatur Wurlasits)

In der neolithischen Revolution hat sich dieses Muster, einem starken Anführer zu folgen, zum hierarchischen System weiterentwickelt (s. Abb. 3.9).

Allerdings werden durch dieses auf dem hierarchischen System beruhende „Follow me!" in der Gegenwart immer größere Flops gebaut, da unsere Welt zunehmend komplexer wird. Nicht nur im politischen Kontext (Führer befiehl, wir folgen dir), sondern auch im Wirtschaftsbereich stellen CEOs mit dieser Präferenz ein großes Problem dar (siehe z. B. Manager Magazin 6/2015, Tyrannosaurus DAX).

3.1.6 Führungsstile und Gruppenreaktionen

Natürlich können heute unter normalen, rationalen Bedingungen beide Geschlechter beide Führungsstile anwenden. In Regressionssituationen jedoch, wie zum Beispiel bei affektiver Aufladung und in Krisensituationen, besteht die Gefahr, auf die archaischen Muster zurückzufallen.

Der weibliche Führungsstil „Trau dich" ist nur dann erfolgreich, wenn das Mutter-Muster nicht zur Infantilisierung der Gruppe führt. Die weibliche Führungs-

Abb. 3.9 Hierarchische Herrschaft

kraft muss besonders darauf achten, dass sie als fantasierte „Mutter" nicht Ängste oder Widerstand auslöst und muss deshalb mit ihrer Autorität vorsichtig umgehen. Sie wird geschätzt, wenn sie die von ihr abhängigen „Kinder" bzw. Kommunikationspartner fördert und ihnen die Chance zur selbstständigen Entwicklung ermöglicht (Abb. 3.10).

Die Infantilisierung ist für Männer in deren Team eine größere Gefahr als für Frauen, da sie eher die Sohn-Rolle annehmen als Frauen die Tochter-Rolle.

Wenn weibliche Führungskräfte einen männlichen Führungsstil anwenden, haben sie ein doppeltes Risiko: Zum einen werden Frauen unglaubwürdig und wirken mitunter lächerlich, wenn sie mit Droh- und Imponiergehabe auf nicht infantilisierte Männer Eindruck machen wollen (Abb. 3.11).

Das Spiel von mehr Schein als Sein haben Frauen eben nicht schon Jahre oder Jahrzehnte lang eingeübt und es wirkt möglicherweise kontraproduktiv.

Zum zweiten löst das starke Auftreten der weiblichen Führungskraft auch Abwehrreaktionen aus. Es besteht eine hohe Wahrscheinlichkeit, dass die alte Mutterdominanz wieder einrastet, die jeder Mensch, egal ob männlich oder weiblich, einmal erlebt und überwunden hat (Abb. 3.12).

Es könnte sich bei den Gruppenmitgliedern eine Wiederholung des pubertären Widerstands einstellen – entweder gefügiger Gehorsam oder Revolte.

Wendet eine Frau den stammesgeschichtlich erfolgreichen weiblichen Führungsstil des „Go ahead" an, dann liegt sie heute im Trend, denn die männlich dominierte Hierarchie mit ihrer starken Über- und Unterordnung ist nicht mehr zeitge-

Abb. 3.10 Infantilisierung

Abb. 3.11 Unglaubwürdige Pose

mäß. Hier treffen die rationalen und die stammesgeschichtlichen Muster erfolgreich aufeinander.

Bei Männern ist es umgekehrt: Würde der Mann einen weiblichen Führungsstil anwenden, liegt er zwar im Trend, riskiert aber, in Krisensituationen als schwach empfunden werden. Er weiß nicht, wo es langgeht. In Zeiten von Angst siegen immer noch die Blender mit Droh- und Imponiergehabe. Die Politik liefert dafür zurzeit allzu viele Beispiele.

Abb. 3.12 Mutterdominanz

Unsere Zivilisation hat den Anspruch, archaische Muster aufzulösen, weil sie in vielen Fällen für die Zusammenarbeit kontraproduktiv sind. Rein rational spielen sie in den meisten Fällen keine Rolle. Ob ein Sachargument von einer Frau oder von einem Mann kommt, ist sachlich völlig egal. Die Wahrheit „2×2=4" ist geschlechtsneutral. Und so funktioniert die Zusammenarbeit auf sachlicher Ebene in den meisten Fällen problemlos. Anders sieht das bei personellen Veränderungen aus, wenn es sich um affektiv aufgeladene Inhalte handelt, wenn die Situation affektiv belastet ist oder wenn die handelnde Person in Frage gestellt wird. In solchen emotionalen Situationen gewinnen die alten Muster leichter die Oberhand und die rationalen Argumente greifen nicht mehr. Der Eintritt eines neuen Gruppenmitglieds geschieht selten emotional neutral und auch nicht ganz ohne geschlechtsspezifischen Aspekt. Es macht daher Sinn, die archaischen Muster der Geschlechterdifferenzen zu kennen.

Die Bearbeitung von (genderbedingten) Widerständen ist eine Voraussetzung für hoch reflexive Gruppen und die genderspezifischen Differenzen zu berücksichtigen bringt einen großen Vorteil und beeinflusst den Erfolg wesentlich. Für eine erfolgreiche Integration muss eine Gruppe auf diese Gesetzmäßigkeiten Rücksicht nehmen. Nur eine Diskussion auf der Metaebene stellt eine einvernehmliche Integration neuer Gruppenmitglieder sicher. Ein Konsens lässt sich nur dann erzielen, wenn sich alle Beteiligten der Problematik bewusst sind.

3.1.7 Integration bei verschiedenen Gruppenkonstellationen

Es gibt verschiedene Konstellationen, die bei der Integration neuer Mitglieder jeweils unterschiedliche Herausforderungen darstellen. Ein wesentlicher Unterschied ist in allen Fällen, ob das neue Mitglied als Chef oder als Kollege ins Team kommt und darüber hinaus, um welche Gruppenzusammensetzung es sich handelt. Reine Männergruppen, reine Frauengruppen und gemischte Gruppen unterscheiden sich in ihrem Verhalten neuen Gruppenmitgliedern gegenüber. Zudem verläuft die Integration von Neuen anders, wenn es sich um die erste Frau/den ersten Mann in einer Gruppe handelt oder schon eine gemischte Gruppe vorhanden ist.

Männer in eine Männergruppe
Kommt ein Mann in eine Männergruppe, macht es einen Unterschied, ob der Mann als Chef in der Alpha-Position oder als normales Mitglied in eine solche Gruppe kommt.

Als Chef muss er sich gegen alle anderen Konkurrenten durchsetzen, um im Ranking die Alpha-Position zu bestätigen. Vom Muster her betrachtet ergibt sich eine schon im Tierreich und bei den Primaten zu beobachtende Kampfsituation. Der Alpha muss sich insbesondere gegen die im Ranking der Gruppe zweite Position durchsetzen. Diese macht nicht selten dem neuen Alpha das Leben schwer, was ihm leichtfällt, wenn er über genügend Insiderwissen verfügt. Auch kann der Zweite seinen möglichen Informationsvorsprung gegen den Neuen ausspielen. Die Monopolisierung von Information ist ein beliebtes Kampfmittel gegen den neuen Alpha, bei dem nicht selten mehrere „Ranghöhere" mitmachen (Abb. 3.13).

Auch im Tierreich kämpft der alte Anführer einer Gruppe mit dem neuen. Dieser Kampf oder diese Konkurrenzsituation hatte ursprünglich einen guten Sinn: In einem System, in dem alle Gruppenmitglieder fast blindlings einem Anführer folgen, kann in die Auswahl dieses Anführers gar nicht genug investiert werden. Wenn bei den Affen im Urwald derjenige in die Alpha-Position kommt, der am besten hört und daher schneller als alle anderen das Anschleichen eines Leoparden bemerkt, dann stellt er mit dieser Fähigkeit eine wichtige Überlebenschance für die Gruppen sicher. Wenn er beginnt davonzulaufen, laufen alle anderen mit ihm. Den Schwerhörigen in die Alpha-Position zu bringen und auf Horchposten zu setzen, würde die Überlebenschancen der ganzen Gruppe deutlich reduzieren. Daher geht Konkurrenz um die Alpha-Position auch immer mit der Frage nach Fähigkeiten einher: Wer ist hier der Beste? Bei arbeitsteiligen Gruppen ist das ein wichtiger Faktor. Um die Frage beantworten zu können, wird sehr viel investiert. Führungs-

Abb. 3.13 Wer ist hier der Alpha?

situationen kommen daher grundsätzlich nicht ohne Konkurrenz aus. Je weniger selbstständig die Gruppen sind, desto wichtiger wird die Auswahl der Leitungsperson.

Kommt ein Mann **als neues Mitglied** in eine Männergruppe, dann stellt sich die Frage, ob es sich um eine gut funktionierende Gruppe, eine Art Gang handelt oder um eine Gruppe, in der es viele Konflikte ohne Grundkonsens gibt.

Die Einordnung in ein Ranking ist besonders in Männergruppen wichtig. So gibt es relativ bald nach dem Eintritt des Mannes in eine Männergruppe den sogenannten Loyalitätstest. Hier wird getestet, ob sich der Neue den Normen der Gruppe unterwirft oder nicht. Wenn ja, kann er integriert werden, wenn nein, beginnt ein Abstoßungsprozess. Auch diesem Muster muss gegengesteuert werden. Denn gerade wenn der Neue eine wichtige Expertise mitbringt - wie aktuell z. B. Digitalkompetenz -, ist die Angst der Gruppe größer und der Loyalitätstest wird strikter ausfallen. Damit ist die Gefahr der Abstoßung umso größer, je wichtiger die Person für die Gruppe ist. Der Berater, der über das Fachwissen verfügt, muss den Zeitpunkt dieses Loyalitätstests diagnostizieren und gegensteuern. Dies ist den Betroffenen meist nicht möglich, da dieser Test anhand eines Sachthemas abgehandelt wird und deshalb gar nicht so leicht als solcher erkannt werden kann.

Frauen in eine Männergruppe

Auch wenn es viele Beispiele dafür gibt, dass Frauen in der Lage sind, sich den männlichen Führungsstil der Hierarchie anzueignen, sollte das nicht darüber hinwegtäuschen, dass dies gegen den aufgrund unserer stammesgeschichtlichen Prägung erwarteten weiblichen Führungsstil „Go ahead!" verstößt. Im Laufe der Entwicklung des Kindes muss sich die Mutter in ihrer Dominanz zurückziehen, um die Selbstständigkeit des Kindes zu ermöglichen. Frauen in Führungsposition vermeiden daher meist ein dominantes Auftreten, um Mitarbeiter zu entwickeln. Männliche Führungskräfte (auch Väter) beabsichtigen mithilfe von Dominanzattitüden stark zu wirken.

Als Chefin einer Männergruppe

Eine Frau muss gegen dieses stammesgeschichtliche Muttermuster ankämpfen, wenn sie in Hierarchien akzeptiert werden will. Männer dagegen können sich auf ihr ererbtes archaisches Dominanzmuster verlassen. Für eine Frau als Chefin einer Männergruppe macht es einen großen Unterschied, welche Kultur das betreffende Unternehmen in Bezug auf Frauen in Führungsfunktionen bisher hat. Ist sie ein besonderer Ausnahmefall oder gibt es bereits Frauen in Führungsverantwortung? Das hat Auswirkungen auf beide Seiten, auf die Gruppe wie auf die neue Chefin.

Wie oben gezeigt, haben Frauen nicht nur einen anderen Führungsstil, sondern auch einen anderen Ordnungsbegriff. Für sie ist Ordnung nicht Über- und Unterordnung wie für die Männer, die Ordnung schon in der Antike „heiliggesprochen" haben – der aus dem Griechischen stammende Begriff Hierarchie heißt ins Deutsche übersetzt heilige Ordnung.

Frauen hingegen schätzen die Vernetzung. Ihre zentrale Frage lautet: Wer mit wem? Das inkludiert auch: Wer ist gegen wen? Bei Frauen geht es mehr um Rivalität als um Konkurrenz. Es geht darum: Wer ist wem näher? Bei Männern dominieren Konkurrenzkonflikte. Ihr Maß ist: Wer ist besser?

Als Kollegin in eine Männergruppe

Hier werden einer Frau oft einige Hürden in den Weg gelegt. Die erste Hürde ist der Versuch, diese Frau einem bestimmten Mann zuzuordnen. Möglicherweise zunächst dem Chef (Führungsduale) oder aber einer anderen Person. Das ist der Versuch, das fremde Element zu bändigen. Die zweite Hürde besteht darin, dass Frauen in Männergruppen ein oder **das** kritische Element darstellen. Sie verhindern den Realitätsverlust einer Männergruppe, indem sie beispielsweise Regeln oder Entscheidungen in Frage stellen. Das kann zu großen Konflikten führen, da die Frau dadurch die Harmonie der Männergruppe stört.

Diese männliche Harmonie ist heute oft kontraproduktiv, weil sie auf der alten hierarchischen Ordnung beruht, in der sich Männer bequem eingerichtet haben. Genau darin fühlen sich Frauen aber häufig nicht wohl und stellen deshalb diese Ordnung oft in Frage. Meist ist dies eine konstruktive Störung, die die Performance der Gruppe erhöht, sofern die Störung bearbeitet wird.

Männer reagieren bei Störungen durch andere Meinungen oft mit Erhöhung des Konformitätsdrucks, dem Männer gerne nachgeben, um die Einheit nicht zu gefährden. Frauen hingegen mobilisieren ihr Widerstandspotenzial, wenn es um eingeforderte Konformität geht. Das bringt zunächst zwar einige Unruhe, führt aber zu Diskussionen und zu neuen Lösungen. Solche fast vorprogrammierten Konflikte müssen im Vorfeld reflektiert werden, um einen Abstoßungseffekt zu verhindern. Gelingt es, diese Konflikte gut zu bearbeiten, ist es ein großer Gewinn für die ganze Gruppe.

Männer und Frauen in gemischten Gruppen
Kommt ein Mann als Chef, stellt sich die Frage: Zu welcher Gruppierung hält der Chef und wen präferiert er? Gemischte Gruppen sind selten eingeschworene Gangs, sie bestehen vielmehr aus Untergruppierungen. Auch wenn ein Mann als Kollege kommt, wird als erstes getestet, welcher Untergruppierung das neue Mitglied zuneigt. Kommt eine Frau als Chefin in eine gemischte Gruppe, wird vor allem ihr Verhältnis zu den anderen Frauen der Gruppe kritisch beobachtet. Verhält sich die Neue Frauen gegenüber anders als Männern gegenüber? Entwickelt sich hier zum Beispiel ein Führungsdual oder nicht?

Frauen und Männer in Frauengruppen
Reine Frauengruppen sind in der Wirtschaft bislang eher selten. Möglicherweise wird sich das in Zukunft ändern, wenn Unternehmen mehr Frauen in hohe Positionen bringen. Dennoch gibt es dazu Erfahrungswerte.

Ein Mann in eine reine Frauengruppe
Er wird meist gut aufgenommen und erlebt wenige Schwierigkeiten. Kritisch hingegen ist die Neudefinition der Beziehungen der Frauen untereinander, wenn es beispielsweise zu Eifersucht kommt. Turbulenzen entstehen und werden oft dadurch abgemildert, dass der neue Mann einer Frau zugeordnet, quasi verheiratet wird, mit oder gegen den Willen der Betroffenen. Doch es beruhigt die Situation, denn das dadurch entstehende Führungsduale (Vater plus Mutter) ist ein Muster, mit dem wir vertraut sind. Auf diese Weise kann die Eifersucht der Frauen untereinander reduziert werden. Es geht hier nicht um Konkurrenz, sondern – wie schon

oben angemerkt – um Rivalität: Wer ist dem begehrten Subjekt am nächsten, am zweitnächsten etc.?

Eine andere Variante, die Situation zu entschärfen, kann auch darin bestehen, dem einzigen Mann in der Frauengruppe die Position des Sohnes einer der starken Frauen zuzuordnen. Er wird dann in dieser Rolle sozusagen „entschärft", denn das Muster Mutter und Sohn ist für alle nachvollziehbar und von sexuellen Ansprüchen befreit. Sowohl das Muster Vater als auch das Muster Sohn kann eine Frauengruppe sehr gut stabilisieren. Die Casanova-Rolle, nämlich der Mann in der Funktion des Liebhabers, ist dagegen in der Praxis meist instabil.

Eine Frau in eine reine Frauengruppe
Geht es darum, eine Frau in eine reine Frauengruppe zu integrieren, wird die Gruppe besonders beobachten, mit welchen Gruppenmitgliedern die Neue Nähe aufbaut und wie weit ihr vertraut werden kann. Wer wird von der Neuen mehr akzeptiert und wer weniger? Welche neuen Konstellationen ergeben sich dabei für die Konflikte und für die Kooperation? Das Rollenmuster Mutter-Tochter oder das Muster des Pairings Frau und Frau wirken hier nicht stabilisierend, denn diese Muster sind von vornherein konfliktbeladen. Die neue Frau ist am besten beraten, wenn sie zu allen Gruppenmitgliedern Beziehungen möglichst gleichmäßig unterhält, so wie sie auch in der Rolle der Chefin wie eine „Mutter" ihre Zuneigung auf alle ihre Mitarbeiterinnen gerecht verteilt. Die dennoch unvermeidlichen Unterschiede müssen allerdings thematisiert und bearbeitet werden.

In allen Fällen, in denen es um die Integration einer Frau in eine gemischte Gruppe geht, empfehlen wir, auch auf Beraterseite eine Frau einzusetzen. Unserer Erfahrung nach werden die besten Ergebnisse bei Kombination von einer Frau und einem Mann als Moderator erzielt, da dies das Ansprechen der genderspezifischen Unterschiede wesentlich erleichtert. Eine Moderatorin einzusetzen ist umso wichtiger, je weniger Frauen teilnehmen, also etwa bei der Integration einer Frau in eine reine Männergruppe.

Führungsduale
Sind ein sehr interessantes und etabliertes Muster. Sie gehen ursprünglich auf das Erlebnis von Vater und Mutter zurück, wie es die meisten Menschen seit ihrer Kindheit kennen. Wir finden und projizieren auch im Erwachsenenalter Rollenbilder von Eltern, die zum Teil in der Realität gar nicht existieren. Das archaische Muster dahinter ist die Projektion auf Eltern, die in Notsituationen um Hilfe gebeten werden können. Mit solchen, oft nicht explizit sichtbaren Führungsdualen, wird auch der Gegensatz von Leistung und Bedürfnis besser ausbalanciert. In Regressionssituationen wird auf Führungsduale mehr projiziert als es der Realität

entspricht. So vermuten viele Passagiere ein Führungsdual bei Flugkapitän und Stewardess oder beim Chefarzt und der Stationsschwester oder beim Chef und der Sekretärin etc.

3.1.8 Integration entlang der drei Gerechtigkeiten

Der Widerspruch von Leistungs- und Bedürfnisgerechtigkeit geht auf Überlegungen zurück, die bereits Aristoteles in der Antike anstellte. Aristoteles hat in seiner Politik analysiert, dass sich die verschiedenen Begriffe der Gerechtigkeit auf drei einander zum Teil widersprechende Anforderungen zurückführen lassen.

Der erste Begriff der Gerechtigkeit besteht darin, dass es gerecht ist, wenn jemand das bekommt, was er benötigt. Zum Beispiel bedarf ein kleines Kind mehr Zuwendung als ein größeres. Wenn es mehr bekommt als das größere Geschwister, wird dies als gerecht empfunden. Aristoteles nennt dies **Bedürfnisgerechtigkeit**.

Zweitens aber bekommt zum Beispiel ein Kind mehr Anerkennung und Zuwendung, wenn es besser lernt als ein anderes und insofern mehr leistet. Dies nennen wir **Leistungsgerechtigkeit**.

Die beiden Gerechtigkeitsprinzipien müssen in jeder Erziehung und auch in jeder Gruppe in einem ausgewogenen Verhältnis zueinander stehen. Ist dies nicht der Fall, kommt es zum Beispiel bei Kindern zu Entwicklungsstörungen oder in einem Sozialgebilde zu Störungen der Kommunikation. Da ein und dieselbe Ressource, zum Beispiel die Zeit der Mutter, nicht gleichzeitig nach den zwei einander widersprechenden Prinzipien – Leistung versus Bedürfnis – verteilt werden kann, haben sich hier Führungsduale bewährt, wie zum Beispiel: Vater und Mutter. Erst wenn der eine Teil mehr auf die Bedürfnisse achtet und der andere mehr auf die Leistung, wird ein ausgewogenes Verhältnis zwischen den beiden Arten der Gerechtigkeit möglich. Die Zuordnung der Rollen in Duale geschieht in der Praxis häufig geschlechtsspezifisch. Die Bedürfnisgerechtigkeit wurde lange eher dem mütterlichen und die Leistungsgerechtigkeit eher dem väterlichen Part zugeordnet. Heute wissen wir, dass dies austauschbar ist. Wichtig für eine gute Entwicklung ist, dass Bedürfnis und Leistung getrennt voneinander, arbeitsteilig bedient werden. Dieser Konflikt innerhalb eines Führungsduals ist obligatorisch – sowohl für die Entwicklung der Kinder als auch für die Entwicklung einer Gruppe.

Die dritte aristotelische Gerechtigkeit steht als Einheit von Bedürfnis- und Leistungsgerechtigkeit über den beiden anderen und sorgt dafür, dass alles ordnungsgemäß funktioniert. Aristoteles nannte sie **Gesetzesgerechtigkeit**. Sie hat sich mit dem Entstehen des Tauschhandels in der Geschichte etabliert. Ursprünglich, sowie heute noch im Tierreich zu sehen, wurden Ressourcen durch Diebstahl optimiert.

3.1 Wie wir Hürden nehmen

Dabei siegt immer der Stärkere. Allerdings macht er sich damit den Schwächeren, dem er etwas wegnimmt, zum Feind. Mit dem Erwirtschaften von Überschussprodukten im Zuge von Ackerbau und Viehzucht gelang den Menschen eine bahnbrechende Erfindung: der Tauschhandel. Wenn jemand etwas braucht, was der andere hat, und ihm dieses wegnimmt, dann wird er zum Feind. Wenn diesem hingegen etwas gegeben wird, das er brauchen kann, dann werden bei gegenseitiger Übervorteilsvermutung aus den Feinden Freunde. Jeder der beiden glaubt, dass er bei dem Tausch etwas gewonnen hat. Manchmal mussten die Menschen dabei durch eine Lüge etwas nachhelfen.

Ein Beispiel: Wenn wir bei einem Vortrag gelegentlich eine unbezweifelbare Wahrheit sagen will, dann sagen wir: „Zweimal zwei ist vier.". Gar nicht so selten meldet sich aus dem Publikum jemand zu Wort mit der Frage: „Im Einkauf oder im Verkauf?"

Täuschung oder manchmal sogar schwerer Betrug gehören nicht selten zu dieser Art Geschäftsfreundschaft. In der Geschichte stellte sich daher bald heraus, dass dieses labile Gleichgewicht des Tauschhandels stabilisiert werden muss.

Die Leistung beim Tausch besteht darin, dass sich jemand überlegt, wie er die Bedürfnisse eines anderen befriedigen kann. Damit wird der Gegensatz von Leistung und Bedürfnis aufgehoben und aus den Feinden werden Freunde, allerdings nur dann, wenn es nicht zu einer einseitigen Übervorteilung kommt. Um dies zu verhindern, führten die Menschen beim Tauschhandel Regeln ein, zum Beispiel über Geld und die Frage: Was ist ein gerechter Preis? Diebstahl als die natürliche Art der Ressourcenoptimierung wurde mit der Zeit verboten. Seitdem funktioniert dieses System, dem Aristoteles den Namen Ökonomie gegeben hat, recht gut.

Zurück zur Integration

Soweit die Beziehungen zwischen den Gruppenmitgliedern auch Geschäftsbeziehungen sind, muss immer auf die richtige Gewichtung der dreiteiligen Gerechtigkeit geachtet werden. Gerät sie außer Balance, zum Beispiel wenn sich Mitglieder einer Gruppe übervorteilt fühlen, führt dies rasch zur Demotivation und zu innerer oder objektiver Kündigung. Eine wichtige Frage bei einer veränderten Gruppenkonstellation lautet daher: Wie passt die neue Person in die Bedürfnis-, Leistungs- und Gesetzesgerechtigkeit der Gruppe? Wem wird durch die neue Person etwas gegeben? Wem wird vielleicht etwas weggenommen? Wie sollten wir das Verhältnis von Bedürfnis und Leistung so ausbalancieren, dass alle (wirklich alle!) damit wieder oder manchmal erstmals zufrieden sein können. Dies ist im Allgemeinen kein einfacher Lernprozess, den erst hoch reflexive Gruppen zu leisten imstande sind.

Zusammenfassend lässt sich sagen, dass jede neue Gruppe eine Art Kindheit durchlebt. Sie ist eher unselbstständig und braucht dementsprechend eine Leitung, die Sicherheit gibt. Gruppen verzeihen deshalb ihrer Führung eine Fehlentscheidung meist eher als eine Unsicherheit. Unsicherheit ist aber ein völlig normales Verhalten in einer neuen Situation. Die neue Führungsperson muss also eine Sicherheit ausstrahlen, die sie noch gar nicht haben kann.

Das erste Ausbalancieren von Konkurrenz und Kooperation zwischen den einzelnen Partnern ist besonders wichtig und schwierig. Da in diesen Prozess die ganze Gruppe emotional stark involviert ist, empfiehlt es sich, einen externen Berater hinzuzuziehen. Kenntnis der Muster und Hilfe bei deren Bearbeitung ist in hoch reflexiven Gruppen besonders zur Festigung der ersten und zweiten Position in der Gruppe wichtig. Fatalerweise werden alte Muster oft wie Störungen behandelt, die möglichst verhindert werden sollen.

3.1.9 Szene aus der Arbeitswelt – archaische Musterfalle

Globalisierung, Digitalisierung, Unsicherheit – der Druck auf Unternehmen ist immens. Neben der viel beschworenen Innovationsstärke wird zur Sicherung des Erfolgs vor allem eines permanent benötigt: Geld, um die Herausforderungen der Zukunft zu finanzieren.

Finanzvorstände (CFO) sind deshalb schon lange nicht mehr nur Kassenwarte und Kontroller, sondern maßgeblich verantwortlich für die Umsetzung der Unternehmensstrategie.

So trug es sich zu, dass der CFO eines global agierenden Mittelständlers in Familienbesitz aufgrund seiner Verdienste zum Vorstandsvorsitzenden (CEO) befördert wurde. Für seine ambitionierten Zukunftspläne brauchte er neben engagiertem Personal vor allem Geld, viel Geld. Er wusste, dass sich viel Geld heutzutage gut an der Börse beschaffen lässt, vorausgesetzt, das Unternehmen ist ebenda notiert, was der Mittelständler bis dato nicht war. Der pfiffige Ex-CFO und nun CEO entschied also folgerichtig für den vakanten CFO-Posten einen Börsenspezialisten ins Unternehmen zu holen. Zufällig war damals gerade eine Frau auf dem Top-Führungskräftemarkt zu haben, die alle Anforderungen perfekt erfüllte. Die international bewanderte und börsenerfahrene Finanzexpertin fand die Herausforderung, den Mittelständler an die Börse zu bringen, hoch spannend und nahm die Offerte an. Mit viel Engagement stürzte sie sich in die neue Aufgabe, erkundete das gesamte Unternehmen und baute schnell gute Beziehungen zu Mitarbeitern in vielen verschiedenen Bereichen auf. Sie wurde für ihr Interesse an den Problemen und ihren zugewandten Führungsstil sehr geschätzt. Zudem begrüßte die Belegschaft, dass

3.1 Wie wir Hürden nehmen

endlich auch eine Frau in den Vorstand eingezogen war. Die CFO erarbeitete mit ihrem rein männlichen Team zügig Pläne für einen Börsengang. Wenige Monate nach ihrer Einstellung präsentierte sie im Vorstand ihre Entscheidungsvorlage, die dann auch in die letztendlich entscheidende Gesellschafterversammlung wanderte. Es stellt sich heraus, dass diesem mächtigsten Gremium bis dato nicht vollumfänglich bewusst war, welche Konsequenzen ein Börsengang für den eigenen Handlungsspielraum nach sich ziehen würde. Mit dem Börsenhandel würde nicht nur Geld in die Kassen des Unternehmens fließen, sondern externe Kapitalgeber würden ein Mitspracherecht erwerben und die eigenen Bilanzen müssten offengelegt werden. Das Gremium, übrigens auch rein männlich besetzt, war nicht bereit, Macht abzugeben, geschweige denn, die Transparenz zu erhöhen. Die Börsenpläne wurden gestoppt.

Für die neue CFO brach damit nicht nur die Aufgabe weg, für die sie eigentlich berufen wurde, der neue deutlich verkleinerte Handlungsraum entsprach auch nicht ihrem persönlichen Leistungsanspruch. Für sie war es an der Zeit, die eigene Zukunft zu überdenken und dazu den Frust über die falschen Versprechungen bei den Einstellungsverhandlungen zu verdauen. Just in diesem Moment kam die Einladung zur lange überfälligen Abschiedsfeier ihres Vorgängers, dem ehemaligen CFO, der ja inzwischen CEO geworden war. Die neue CFO schlug die Einladung zu dieser Feier aufgrund privater Termine aus. Danach war nichts wie zuvor. In den folgenden Wochen wurde ihr mehrfach jegliche Kompetenz abgesprochen. Alle ihre Führungskräfte machten nur noch Dienst nach Vorschrift. Das ist ein beliebtes Mittel gegen unbeliebte Chefs, ganz nach dem Motto: Die Fenster habe ich schon gestrichen, Chef, soll ich den Rahmen auch noch streichen? Wenig später verließ die CFO das Unternehmen nach nur 16 Monaten, als Nachfolger wurde wieder ein Mann berufen.

Die Absage der neuen CFO, an dieser Feier teilzunehmen, ist menschlich vollkommen nachvollziehbar. Trotzdem war sie ein grober Führungsfehler und läutete ihr schnelles Ende im Unternehmen ein. Die CFO missachtete, dass Feiern neuzeitliche Initiationsriten sind. Sie hat aufgrund einer persönlichen Kränkung das Angebot ihres Teams ausgeschlagen, eine von ihnen zu werden. Alle ihre Führungskräfte (allesamt jüngere Männer) verbündeten sich daraufhin gegen sie.

Das Einschalten einer externen Beratung und eine gruppendynamische Intervention in der von der CFO geführten Gruppe inklusive des CEO hätten mit hoher Wahrscheinlichkeit das Debakel abwenden können. Nicht nur die in solchen Fällen meist unvermeidliche Auszahlung der kompletten Vertragslaufzeit, noch vielmehr der Glaubwürdigkeitsverlust der Unternehmensführung bei den Mitarbeitern im gesamten Unternehmen stellte einen enormen Schaden dar (Abb. 3.14).

Abb. 3.14 Video 3.4 „Komplexität in Wettbewerbsvorteil wandeln" (https://doi.org/10.1007/000-0kd)

3.2 Was uns stark macht

Stark macht uns – ohne Zweifel – unsere Fähigkeit zur Kooperation mit anderen. Die durch Gruppenbildung mögliche Anhäufung und Verknüpfung verschiedenster Kompetenzen befähigte die Menschheit in der Vergangenheit immer wieder zu Erfindungen, die gravierende gesellschaftliche Umwälzungen ermöglichten und zur Verbesserung der Lebensverhältnisse auf der ganzen Welt führten. Wenn es gelingt, auf dem Wert von Vielfalt basierende Strategien zu entwickeln und kollektiv umzusetzen, wird Homo sapiens auch die herausfordernden nachhaltigen Entwicklungsziele erreichen können. Wichtig dabei wird es sein, die eigenen Bedürfnisse nicht über die der Organisation und des jeweiligen Systems zu stellen, in dem sich jeder Mensch und jede Gruppe bewegt.

3.2.1 Vorteile von Teamentscheidungen gegenüber Einzelentscheidungen

Die Entwicklung von Gruppen zu einem Reifestadium, in dem sie in der Lage sind, richtige Entscheidungen zu treffen, ist eines der wichtigsten Führungsziele der Gegenwart geworden. Es ist leicht vorauszusagen, dass dies in Zukunft in noch höherem Maße der Fall sein wird. Die Komplexität von Aufgaben übersteigt schon heute sehr häufig die Kapazität von Einzelpersonen. So erfordert etwa die Konstruktion eines Automotors längst eine multiple Koordination verschiedener Spezialisten, die ihrerseits wiederum oft auf Gruppen von anderen Spezialisten angewiesen sind. Das Beispiel verdeutlicht, wie sehr das System der Zentralisierung in der Hierarchie seine offensichtlichen Grenzen erreicht. Immer öfter werden Gruppen, meist aus Experten, zur Problemlösung benötigt. Das effizienteste Führungsinstrument ist in komplexen Situationen nicht mehr eine straff organisierte Hierarchie, sondern eine Matrixorganisation aus Exzellenzclustern. Das sind zum einen Führungsgremien, die übergreifende Strategien entwickeln, und zum anderen zunehmend Projektgruppen, die sich aufgabenbezogen konstituieren. Von essenzieller Bedeutung ist es, zu berücksichtigen, dass Gruppenleistungen nur dann Einzelleistungen überlegen sind, wenn es sich um hoch reflexive Gruppen handelt.

3.2.2 Aufgabenadäquates Vorgehen

Gute Führungskräfte müssen heute in der Lage sein, den Aufgabentyp präzise zu analysieren, eine Gruppe aufzubauen, ihr die nötige Unterstützung zukommen zu lassen bzw. sie selbstständig arbeiten zu lassen und zugleich, den Reifegrad von Gruppen zu erkennen und zu entwickeln. Die Wissenschaft unterscheidet dreierlei Aufgabentypen, die für die Eignung des Führungsstils relevant sind: Sammelaufgaben, Such- und Find-Aufgaben sowie Aufgaben mit Bestimmungsleistungen.

- **Sammelaufgaben** sind in erster Linie Routineaufgaben. Alle wissen, was sie zu sammeln haben, die Vorgehensweise ist bekannt. Gruppen können solche Aufgaben effizienter durchführen, da sich die Leistung der einzelnen Gruppenmitglieder summiert. Natürlich immer unter der Voraussetzung, dass es eindeutige Kompetenz-Zuordnungen gibt wie beispielsweise Gebietsverantwortlichkeiten. Konkurrenz zwischen den einzelnen Gruppenmitgliedern oder auch zwischen verschiedenen Gruppen spornt beim Sammeln an und fördert den Output. Klassische Sammelaufgaben sind das Sammeln von Daten, Informationen, Objekten oder Kunden, um nur einige zu nennen. Das Leistungsmaß besteht in der Quantität pro Zeiteinheit.
- **Such- und Find-Aufgaben** sind dadurch charakterisiert, dass ein bestimmtes Problem einer bestimmten Lösung zugeführt werden muss. So muss etwa ein Fehler gefunden werden, ein bestimmtes Programm muss zum Laufen gebracht werden, ein logistisches Problem muss gelöst werden etc. Dabei gibt es eine

richtige Lösung, die überprüfbar ist, weil sie funktionieren muss. Hier besteht das Leistungsmaß in der Qualität pro Zeiteinheit.
- **Aufgaben mit Bestimmungsleistungen** sind Entscheidungsfindungen in einem komplexen Umfeld oder unter nicht eindeutig bestimmbaren Bedingungen. Unwägbarkeiten spielen eine große Rolle durch Zufälle, Zukunftsentwicklungen, Personalbedingungen, Marktabhängigkeiten und so weiter. Das heißt, die Entscheidung kann weder errechnet werden, noch kann ihre Richtigkeit bewiesen werden, wie das bei Suchaufgaben der Fall ist. Die einzelnen Gruppenmitglieder sind jedoch direkt oder indirekt von der Qualität der Lösung selbst betroffen.

Bei Aufgaben mit Bestimmungsleistungen müssen Entscheidungen getroffen werden, die bestimmte Interessen berühren oder bei denen Emotionen mit im Spiel sind. In solchen Situationen wird deutlich, dass die ausschließliche Fokussierung auf objektive Zusammenhänge die Entwicklung kreativer Lösungen begrenzt. Beim heutigen Ausmaß an Unwägbarkeiten stellt es einen Vorteil dar, die subjektive Bedeutung der Aufgaben und Lösungen für die beteiligten Personen zu berücksichtigen. Durch den subjektiven Zugang: „… eröffnet das Gefühl einen entscheidenden Erkenntnisbeitrag durch die Erweiterung des Horizonts neuer Verbindungen von Inhalten, die als Ideen erlebt werden können." (Friederichs 1985, S. 294).

Auch hier stellen Gruppenentscheidungen einen großen Vorteil da, denn Gruppen können auf Bedürfnisse der Gruppenmitglieder besser Rücksicht nehmen. Der Einzelne bekommt mehr Feedback, daher können die persönlichen Probleme in Relation zur Gruppe besser geklärt werden. Deshalb stimmen dem Beschluss von Gruppen generell mehr Personen zu als Einzelbeschlüssen und mehr Personen setzen sich für die Durchführung der von Gruppen beschlossenen Maßnahmen ein.

Auch im Krisenfall ist die Belastbarkeit einer Gruppenentscheidung größer. Treten nämlich vorher nicht bedachte oder unerwartete Probleme auf, dann haben bei Einzelentscheidung natürlich viele „es immer schon gewusst", dass dieses und jenes sowieso nicht funktioniert. Dies meint auch das bekannte Sprichwort: Der Sieg hat viele Väter, die Niederlage ist eine Waise. Aus Sicht der Überlegungen über Einzel- und Gruppenentscheidungen können wir dies auch so deuten, dass es zum Sieg nur kommt, wenn mehrere oder viele daran beteiligt sind, wogegen einsame Entscheidungen eher den Keim der Niederlage schon in sich tragen. Sogar dann, wenn sie theoretisch richtig sind, ihnen aber nicht zugestimmt wird. Möglicherweise ist diese Gesetzmäßigkeit auch Hintergrund des Sprichwortes: Das mag in der Theorie richtig sein, in der Praxis ist es falsch. Theorie wäre in diesem Fall die rationale, aber vereinzelte Ansicht und Entscheidung einer Person, die nicht mit den Emotionen der Betroffenen, zum Beispiel der diese Entscheidung Durchführenden, übereinstimmt.

Diese Übersetzung oder Vermittlung vom Rationalen zum Emotionalen führt auch zu einer besseren Realitätsnähe von Gruppenentscheidungen. An dieser Stelle ist ebenso zu sehen, dass es sich bei der Feststellung einer Realität durch die Gruppe um einen anderen Wahrheitsbegriff handeln muss als um jenen, der im naturwissenschaftlichen Abstraktionssystem definiert wird. Wahr ist die soziale Realität, auf die sich die Gruppe geeinigt hat. Dazu unten noch mehr.

3.2.3 Vorteile von hoch reflexiven Gruppen

Neben der Fähigkeit, den Aufgabentyp richtig einzuschätzen sowie die passenden Menschen zur Bewältigung der Aufgaben zu finden, ist es für Führungskräfte von entscheidender Bedeutung, funktionierende hoch reflexive Gruppen zu formieren. Solche Teams sind aus mehreren Gründen eher in der Lage, die bestmögliche Entscheidung zu treffen als Einzelpersonen. So ist der statistische Fehlerausgleich größer, weil es durch eine Gruppendiskussion, zum Beispiel bei Schätzungen zu besseren Ergebnissen kommt, als wenn nur der Durchschnitt der Einzelschätzungen errechnet wird. Das Problem als solches wird im Team umfassender betrachtet und verifiziert. Außerdem werden mehr Lösungsalternativen vorgeschlagen. Dabei können die einzelnen Schritte aufeinander aufbauen. Wer sich die Mühe macht, die einzelnen Argumentationsschritte einer Teambesprechung grafisch aufzuzeichnen, wird bald feststellen, dass die Gruppe schon nach kurzer Zeit ein Problem besser differenziert hat, als es eine Einzelperson je kann (Abb. 3.15).

Jeder Beitrag, und sei er noch so klein, trägt zur Problemdifferenzierung bei, sodass eine Gruppe grundsätzlich ein Problem klarer erkennt als das einzelne

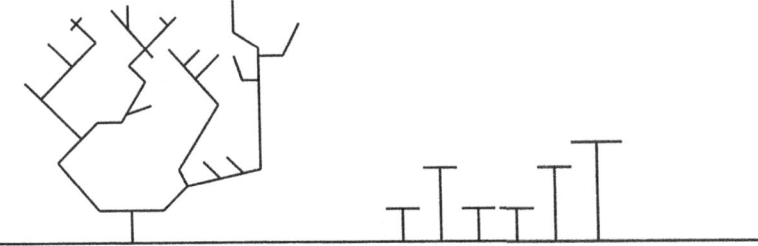

Abb. 3.15 Baumartige Teamdiskussion gegenüber Einzelbeiträgen

Gruppenmitglied. Auch das Wissen von Fachleuten beruht im Grunde auf einem Gruppenvorteil: Die europäische Wissenschaft hat diesen Vorteil seit Jahrtausenden auszunutzen gewusst. Jenes in Reih und Glied arbeiten, wie es Nietzsche formuliert hat, verlangt zwar immer längere Ausbildungszeiten, erreicht dafür aber eine ungeheure Problem- und Methodendifferenzierung. Nur der Erste fängt wirklich von vorne an. Schon der Zweite, der das Problem bearbeitet, kann auf den Erkenntnissen des Ersten aufbauen. Der Dritte nutzt das Resultat der beiden Ersten usw. Auf diese Weise wurde etwa die Mathematik von den alten Ägyptern und den Griechen bis in unsere Tage zu einem großen Gedankengebäude entwickelt. Es ist das Kennzeichen der europäischen Wissenschaft, diesen Gruppenvorteil über viele Generationen hinweg genutzt zu haben und immer noch zu nutzen. Von anderen Kulturen wissen wir, dass geniale Einzelleistungen oft beziehungslos nebeneinander stehen können. Die Koordination ist durch nichts ersetzbar. Niemals könnte ein noch so genialer Mathematiker, der bei null beginnt, aber die Null noch nicht kennt, etwa den Mittelwertsatz der Differenzialrechnung ableiten.

In der Philosophie, die zu den ältesten Wissenschaften gehört, wird dieses Vorgehen als Last der Tradition oft bedauert. Aber auch hier erweist sich immer wieder die Kenntnis des traditionellen Argumentationszusammenhanges (Aporetik) als unbedingte Voraussetzung des heutigen Denkens. Wer die Tradition missachtet, landet sehr oft im Dilettantismus. In diesem Sinne bildet auch jede Gruppe eine Tradition, indem sie eine eigene Methode der Bearbeitung von Problemen entwickelt. Wir haben schon mit vielen Gruppen gearbeitet, aber noch nie zwei gleiche Gruppen erlebt. Nicht einmal bei ein und derselben Gruppe gibt es zwei gleiche Situationen. Es gibt das Bewusstsein einer Tradition und dieses Bewusstsein führt bei Gruppen, die gelernt haben, zusammenzuarbeiten, zu dem beschriebenen Gruppenvorteil. Durch die größere Problemdifferenzierung und die bessere Methode in der Problembearbeitung werden zudem mehr Lösungsmöglichkeiten und Alternativen entwickelt. Auch die Kreativitätsforschung belegt, dass eine Gruppe kreativer ist als eine Einzelperson. Gruppen, die frei denken dürfen, kommen auf die absonderlichsten Lösungen, und einige davon erweisen sich als außerordentlich brauchbar. Kreativität ist ganz selten die Leistung einer Einzelperson. Selbst geniale Künstler oder Wissenschaftler lassen sich oft von Kollegen inspirieren.

Ein weiterer nicht zu unterschätzender Vorteil der hoch reflexiven Gruppe ist, dass individuelle Ressourcen durch Feedback besser genutzt werden können. Jeder Mensch speichert im Laufe seines Lebens eine große Anzahl von Informationen und persönlichen Erfahrungen. Diese sind nie gleichzeitig präsent. Welche von ihnen abrufbar sind, hängt von der sozialen Situation ab, von Stimmung und Einstellung sowie von der geistigen und psychischen Verfassung des Menschen. Es gibt soziale Situationen, in denen uns gewisse Teile unserer Erinnerung nicht zugänglich sind, wir haben sie temporär vergessen. Später in einer anderen Situation ist das Vergessene plötzlich wieder da. Vergessen und Erinnern sind soziale Faktoren, die in der Gruppenarbeit einen wesentlichen Einfluss haben.

Menschen mit großer Angst vor Sozialkontakt, die gewohnt sind allein zu arbeiten, werden in Gruppen zunächst schlechter sein als allein. Es gibt gelegentlich auch solche, bei denen sich das nicht ändern lässt. Auch Genies brauchen oft bestimmte Gruppenkonstellationen, wie zum Beispiel die Bewunderung durch Musen. Wenn es gelingt, eine Situation in der Gruppe herzustellen, in der jeder Einzelne auf Aspekte achtet, zu denen er beitragen kann, dann steht der Gruppe mit mehreren Mitgliedern ein ungeheures Reservoir an Informationen und Erfahrungen zur Verfügung, das sie zur Problemlösung einsetzen kann. Der Einzelne, der nur aus sich selbst schöpfen kann, bleibt meist bei bestimmten Lösungsstereotypen stecken. Der Gruppenvorteil inkludiert in jedem Fall einen Feedback-Vorteil.

3.2.4 Beziehungen innerhalb von Teams erkennen

Um die genannten Vorteile von Gruppenentscheidungen vollumfänglich nutzen zu können, müssen Führungskräfte neben den rationalen Gesichtspunkten auch die affektive Ebene der Beziehungen innerhalb einer Gruppe im Blick haben sowie die Wirkung des sozialen Umfelds auf die Gruppe. Auch hier kann es sinnvoll sein, externe Unterstützung hinzuzuziehen.

Unser Ansatz zur Aktivierung von Innovationsdynamik fusst auf dem Modell der Gruppendynamik-Seminare, das Traugott Lindner und Gerhard Schwarz in den 60er-Jahren begründet haben, das sich in fünfzig Jahren bewährt hat und mit der umfangreichen Praxis immer weiter verfeinert worden ist. Wir bauen etwa in der Mitte der Woche eine Entscheidungsübung ohne Trainer ein. Zum Beispiel sind 15 Gegenstände nach ihrer Wichtigkeit einzustufen. Dabei geht es um eine Entscheidung unter Unsicherheit, denn niemand kennt die richtige Lösung. Die Unsicherheit kann allerdings durch gute Kooperation stark reduziert werden. Bevor die Gruppe zur Entscheidungssitzung zusammentritt, muss jeder Einzelne die Aufgabe individuell lösen. So lässt sich messen, wie viel besser die Gruppe die Aufgabe löst gegenüber den Einzellösungen und damit, wie gut die Gruppe bereits zusammenarbeiten kann. Meist ist das Gruppenergebnis besser als der Durchschnitt der Einzelergebnisse, relativ oft sogar besser als das beste Einzelergebnis. Trotzdem gibt es Fälle, in denen die Gruppe schlechter ist als der Durchschnitt der Einzelleistungen. Das ist dann ein deutliches Zeichen dafür, dass die Gruppe noch nicht funktionsfähig ist und die Entscheidungsübung ohne Rücksicht auf das Sachthema dazu verwendet hat, auf zwischenmenschlicher Ebene weiterzukämpfen. In dieser

Phase wird die Meinung einer Person, die weniger Ansehen in der Gruppe hat, vielfach übergangen, obwohl sie gute und richtige Argumente vorbrachte und im Gegenzug setzt sich die vorher schon dominante Person mit einer falschen Lösung durch. Solch ein Verhalten ist Symptom für eine unreife Gruppe. Es zeigt, dass der Gruppenvorteil nur nutzbar ist, wenn es sich um hoch reflexive Gruppen handelt, die ihren Entscheidungsprozess selber steuern können.

Es hat sich als nützlich erwiesen, Gruppen einige Regeln als Hilfestellung zu geben, wie beispielsweise: Ihre Gruppe soll einstimmig beschließen. Einstimmigkeit ist schwer zu erzielen. Deshalb wird nicht jede Entscheidung jeden Einzelnen voll befriedigen. Versuchen Sie, trotzdem die Entscheidung so zu treffen, dass alle einigermaßen damit einverstanden sein können.

Richtlinien zur Entscheidungsfindung in Teams:

- Vermeiden Sie, Ihre persönliche Entscheidung den anderen aufzuzwingen. Argumentieren Sie mit Logik.
- Vermeiden Sie es nachzugeben, bloß um Einstimmigkeit zu erzielen oder Konflikten auszuweichen. Unterstützen Sie nur dann andere Ansichten, wenn sie mit Ihren eigenen wenigstens teilweise übereinstimmen.
- Vermeiden Sie Konfliktlösungstechniken wie Mehrheitswahl, Mittelwertberechnungen oder Kuhhandel (wenn Du mir, dann ich Dir ...).
- Betrachten Sie abweichende Meinungen eher als einen nützlichen Beitrag, statt sie als störend zu empfinden.
- Nehmen Sie sich so viel Zeit, wie Sie benötigen, um eine echte Gruppenmeinung zu entwickeln.

Befolgen Gruppen solche Regeln, dann erreichen sie meist ein sachlich qualitativ sehr gutes Ergebnis. Mitglieder mit Führungserfahrungen haben größere Probleme, sich an die Richtlinien zu halten als Gruppenmitglieder ohne. Abstimmungsmechanismen und Untergruppenbildung sind manchen Konferenzroutiniers so in Fleisch und Blut übergegangen, dass sie oft gar nicht merken, wie sehr sie eine echte Meinungsbildung verhindern. Ähnliches lässt sich mit Zeitdruck erreichen. Nicht selten werden Diskussionen sogar anfangs bewusst verzögert, um schließlich, wenn alle müde sind oder Hunger haben, die eigenen Vorschläge rasch durchsetzen zu können. Auch die Erkenntnis, dass abweichende Meinungen einen Vorteil für die Gruppe und eine Hilfe für die Entwicklung einer Lösung darstellen können, weshalb sie nicht unbedingt bekämpft werden müssen, ist für viele Menschen noch überraschend.

Unreife Gruppen sind aus vielerlei Gründen nicht in der Lage, abweichende Meinungen zu berücksichtigen, statt sie auszuschließen und sich so viel Zeit zu nehmen, wie sie für die Lösung wirklich benötigen. Außerdem fällt es ihnen schwer, Autoritätspersonen als anderen Gruppenmitgliedern gleichgestellt zu betrachten. Diese Fälle und solche, in denen die Gruppe noch nicht zu einer Selbstbestimmung gefunden hat, sind gefährlich. Sie werden gerne als Nachteile von Gruppenentscheidungen und oft als Argumente gegen die Teamarbeit angeführt. Gruppendynamisch betrachtet sind sie nur Ausdruck einer Unreife, an der gearbeitet werden muss.

Seit Beginn der Gruppendynamikarbeit in den 60er-Jahren, hat sich der Teamgedanke weitgehend durchgesetzt. Oft so stark, dass er schon wieder Gegner auf den Plan ruft. Wir halten dies für einen großen Fortschritt, denn es gibt nichts, was nicht durch Übertreibung schädlich sein kann. Das ist der berühmte Salzeffekt: Auf die Dosierung kommt es an. So melden sich mitunter in verschiedenen Managementmagazinen die Kritiker der Teamarbeit zu Wort. Die Hauptargumente gegen das Team sind dabei meist Innergruppenargumente, wie: „Teams kosten viel Zeit und sind daher ineffizient.", „Teams arbeiten oft langsam, umständlich und zu wenig fokussiert." Für Unternehmen kann sich falsch verstandene Teamarbeit in der Tat drastisch produktivitätsmindernd auswirken.

Fakt ist: Gelingt es nicht, Gruppen zu der für Teamarbeit notwendigen Reife zu entwickeln, dann arbeiten sie kontraproduktiv. Der Konsens über eine Arbeitsteilung gehört natürlich mit zum Status einer reifen Gruppe, besonders bei Expertengruppen. Ebenfalls zur Reife gehört der Umgang mit Kritik. Rosa Luxemburg hat dies auf den Punkt gebracht als sie formulierte: „Freiheit ist immer die Freiheit der Andersdenkenden." Gruppen, besonders von Männern, neigen dazu, für den Fall von Differenzen den Konformitätsdruck zu erhöhen. Dies hatte stammesgeschichtlich in der Jagdgruppe sicher einen Sinn. Heute ist das Muster Konformität geht vor Kritik sehr selten zielführend. Wenn die Gruppe ihren Entscheidungsprozess selbst steuern kann, wird sie in der Lage sein, Konformitätsdruck zu reduzieren, um den Argumenten jenes Gewicht zu geben, das sie tatsächlich haben. Das Austragen von Konflikten verhindert auch, dass sich die Leistung einer Gruppe auf das niedrigste Niveau einpendelt.

Gruppen sind nicht nur ein Gegenentwurf zur individuellen Selektion des Besseren, Schnelleren, Stärkeren etc. Die Gruppe hat sich stammesgeschichtlich in dem Augenblick bewährt, in dem das Überleben nicht mehr individuell, sondern nur noch kollektiv zu bewältigen war. An diesem Punkt stehen wir heute mehr denn je. Die Komplexität unserer Welt erzwingt Gruppenarbeit.

3.2.5 Wirkung des sozialen Umfelds auf Teams

Eine andere Gefahr für die positive Kraft von Gruppenentscheidungen ist, wenn Gruppen zwar gut funktionieren, sich aber in sich zurückziehen. Harmonische Gruppen haben nämlich die Tendenz, sich selbst zu genügen. Die Realität der Außenwelt wird dann gerne ausgeblendet, umgedeutet oder abgewehrt, wenn sie der Gruppenharmonie widerspricht. Denn die Gruppe ist sich selbst genug. Wer sich zu gut versteht, braucht emotional und stammesgeschichtlich keine andere Gruppe, höchstens als Feindattrappe. Im Tierreich und auch beim Homo sapiens war über Jahrmillionen der Evolution keine stammesübergreifende Kooperation vorhanden.

Mit den ersten stammesübergreifenden Kooperationen durch Exogamie, später durch Tauschhandel und schließlich durch die Hierarchie wurden Gruppen und Stammesverbände mehr oder weniger zu Grenzüberschreitungen gezwungen. Gruppen haben von sich aus die Tendenz, ihre Außengrenze nicht zu überschreiten und sie auch gegen Eindringlinge zu verteidigen. Erst mit der Hierarchie sind Strukturen geschaffen worden, die gruppen- und stammesübergreifende Zusammenarbeit erzwangen, was einen großen Entwicklungsschub bedeutete. Die dadurch notwendigen Grenzüberschreitungen der Gruppe dienen ihrem Überleben, da nur so eine angemessene Realitätseinschätzung möglich ist.

Das Hauptproblem, das mit der Digitalisierung fast täglich an Brisanz und Schärfe gewinnt, ist der Gegensatz von Hierarchie und Gruppe. Theoretisch besteht die Hierarchie aus Gruppen, die sich jeweils in einer Person, nämlich der des Chefs, überschneiden.

Die allermeisten Führungskräfte befinden sich in einer Sandwichposition. Einerseits müssen sie als Chef die Ziele und Methoden der Hierarchie exekutieren, also nach unten weitergeben. Andererseits sind sie Vertreter der Gruppe, die sie führen, und müssen deren Wünsche und Bedürfnisse nach oben weitergeben. Diese Situation ist umso widersprüchlicher, je reifer die Gruppe ist und treibt Organisationen aktuell in einen Konflikt, dessen Ausmaß noch gar nicht abzusehen ist.

Wenn der jeweilige Chef als Doppelmitglied zweier Gruppen zum Beispiel nur die Ziele des Systems exekutiert, verliert er natürlich die Loyalität der Gruppe, die er führt. Je reifer diese Gruppe ist und je gravierender die Kompetenzumkehr durch Spezialisierung ist, desto größer ist der Schaden. In der Hierarchie wird dieser Loyalitätsverlust als Führungsfehler definiert. Die Folgen sind unabsehbar. Umgekehrt ist das Dilemma nicht kleiner. Je mehr ein Chef auf die Bedürfnisse und Wünsche der von ihm geführten Gruppe eingeht, desto mehr verliert er das Vertrauen des Systems und desto mehr stellen die Chefs, an die er berichtet, seine Durchsetzungsfähigkeit infrage. Auch diese Entwicklung wird in der Hierarchie

3.2 Was uns stark macht

als Führungsfehler angesehen, weil die Systeminteressen nach unten nicht in ausreichendem Maß durchgesetzt werden. Die Wahl zwischen diesen zwei Arten von Führungsfehlern – Pest und Cholera – macht alle Chefs zu chronischen Doppelverrätern. Wie die Abb. 3.16 zeigt, betrifft das alle Führungskräfte in hierarchischen Systemen, denn auch die Obersten haben meistens ein Aufsichtsgremium über sich.

Mit wachsender Digitalisierung und zunehmender Reifeentwicklung von Gruppen wird diese Problematik immer größer. Auf der Strecke bleibt entweder die Organisation, wenn sie an strikter Hierarchie festhält und damit ihre Wettbewerbsfähigkeit verliert oder die Hierarchie, wenn sie sich radikal wandeln muss. Die Zukunftsprognose fällt demzufolge nicht sehr schwer: Überleben werden jene Organisationen, in denen hoch reflexive Gruppen auf Kosten der klassischen Exekutionshierarchie weiterentwickelt werden. Was folgt auf die Hierarchie? Natürlich wieder eine Hierarchie, allerdings organisiert als Kooperation von vernetzten Gruppen. Die Zentralisierung bleibt bei Organisationen unverzichtbar. Sie darf aber nicht mehr als Über- und Unterordnung mit Top-down-Exekution stattfinden, sondern sollte eine Kooperation vernetzter hoch reflexiver Gruppen sein. Sie gilt es zu entwickeln, damit das System der neuen vernetzten Hierarchie funktionieren kann (Abb. 3.17).

Zusammenfassend lässt sich sagen, dass die Installation hoch reflexiver Gruppen die Leistung auf jeden Fall verbessert. Dies ist umso notwendiger, je höher der

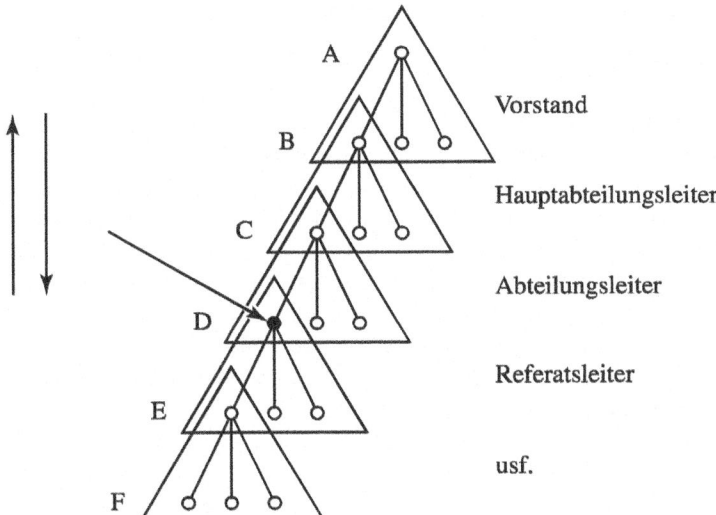

Abb. 3.16 Hierarchie und Gruppen

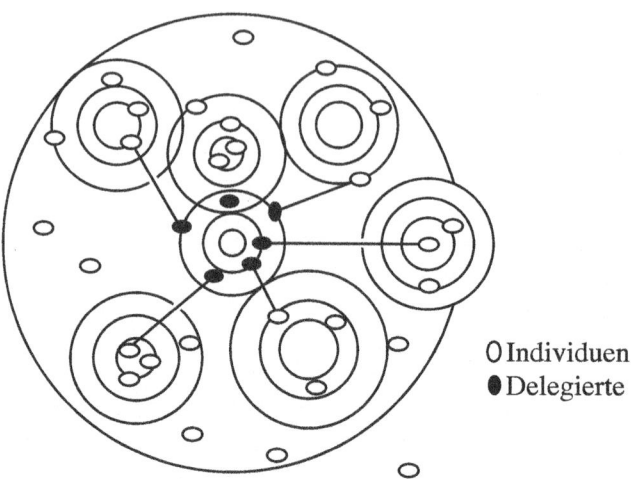

Abb. 3.17 Schema einer gruppenübergreifenden Organisation mit zentraler Steuerung. (Aus Organisationsdynamik von Ber Pesendorfer)

Komplexitätsgrad der zu bewältigenden Probleme ist (ausführlich dazu Gerhard Schwarz 2019).

3.2.6 Szene aus der Arbeitswelt: Enttäuschte Erwartungen

Eine Unternehmensübernahme fühlt sich oft für die einen wie Weihnachten und für die anderen wie Aschermittwoch an. Während in den Chefetagen die Korken knallen, rüsten viele Zwangsbeteiligte der jungen Firmenehe affektiv auf. Wichtig ist zu berücksichtigen: Fusionen sind immer von Beginn an eine große Herausforderung. Damit sie am Ende für alle ein Grund zum Feiern sind, braucht es eine unternehmenskulturelle Erneuerung aller Fusionsparteien. Das ist der Casus Belli und häufigster Grund für das Scheitern. Schauen wir uns zum Beispiel Bayer und seinen Zukauf Monsanto/Glyphosat an. Wir können nur mutmaßen, wie viele Bayer-Mitarbeiter zu ihrer Konzernführung nur noch so viel Vertrauen haben wie zu Politik und Autoindustrie in der Dieselaffäre.

Anders, aber doch vom Grundsatz her ähnlich, stellte sich eine Fusion dar, die vor einigen Jahren im Automobilumfeld stattfand. Ein kleinerer Hersteller von Spezialmotoren wurde von einem der großen Autokonzerne feindlich übernommen. Die Mitarbeiter des kleinen Partners begannen um ihre Arbeitsplätze zu

3.2 Was uns stark macht

fürchten, die des großen Konzerns ärgerten sich über die Unruhe, die durch die Übernahme in ihren vertrauten Arbeitsalltag schwappte. In dieser Situation wurde eine Führungskraft des kleinen zugekauften Spezialisten als neuer Chef der sanierungsbedürftigen Motorensparte des Großkonzerns berufen. Die Reaktion der Mitarbeiter zum neuen Vorgesetzten reichte von Hoffnung auf die Eier legende Wollmilchsau bis hin zu vollumfänglicher Ablehnung. Die vielen verschiedenen Erwartungshaltungen waren so groß wie indifferent.

Die ersten Tage in der neuen Position im neuen Arbeitsumfeld mit den neuen Kollegen galten dem gegenseitigen Kennenlernen. Der neue Chef fragte und hinterfragte und brillierte mit seiner Expertise über Motortechnik. Je leidenschaftlicher er über seine neuen Ideen zur Weiterentwicklung der aktuellen Modelle referierte, desto frostiger wurde die Atmosphäre.

Der Neue hatte nicht erwartet, mit Freudentänzen begrüßt zu werden, er erwartete aber doch als neuer Chef die Bereitschaft seiner Mitarbeiter zur Veränderung. Was ihm entgegenschlug war nicht gesunde Skepsis, sondern etwas, was sich für ihn wie Meuterei anfühlte. Der zum Chef berufene Motorexperte reagierte darauf souveräner weise nicht mit Machtattitüden, sondern holte sich externe Hilfe.

Über Interviews fanden die gruppendynamischen Berater schnell die Ursachen für die Ablehnung des neuen Chefs heraus. Die Mitarbeiter mutmaßten, dass sie ihre Arbeit verlieren würden, dass vieles von dem, was sie schon erreicht hatten, verloren gehen würde, dass sie weniger geschätzt würden und ähnliches mehr. Die emotionalen Befindlichkeiten standen im deutlichen Gegensatz zu den rationalen Notwendigkeiten. Je besser der Neue in Bezug auf die Arbeit der Gruppe erschien, desto weniger konnte er emotional akzeptiert werden. Im rationalen Bereich war es umgekehrt: Je größer die Expertise des Neuen war, desto wichtiger war sie natürlich für die Gruppe.

Im Laufe eines Workshops wurden diese Gegensätze Schritt für Schritt herausgearbeitet und die Ursachen analysiert. Nach ausführlichen Diskussionen konnte die notwendige Akzeptanz erzielt werden, die für den Veränderungsprozess und die Arbeit des neuen Chefs unabdingbar war.

Fakt ist: Ein einzelner Mensch kann nie alle Erwartungen erfüllen, deshalb ist das A und O bei Veränderungen jeglicher Art, die Bearbeitung der Erwartungen aller Beteiligten. Um die Objektivität zu sichern, müssen besonders Integrationsprozesse grundsätzlich von außen gesteuert werden. Erst im hoch reflexiven Stadium haben Gruppen die Möglichkeit, diese Prozesse selbst zu steuern. Die Installation hoch reflexiver Teams sollte daher immer auch Ziel eines Integrationsprozesses sein.

Die Entwicklung hoch reflexiver Gruppen

4

Inhaltsverzeichnis

4.1	Wie wir gewinnen	66
	4.1.1 Der Blick von oben (Metaebene)	66
	4.1.2 Überwindung der Kompetenzumkehr	67
	4.1.3 Identitätsbildung des Teams in der neuen Zusammensetzung	67
	4.1.4 Zukunftsperspektiven des neuen Teams	68
	4.1.5 Szene aus der Arbeitswelt – Kompetenzumkehr	69
4.2	Wer lernen muss	71
	4.2.1 Teamtrainings	71
	4.2.2 Individuelles Coaching	74
	4.2.3 Aus Erfahrung klug	74

Elektronisches Zusatzmaterial Die elektronische Version dieses Kapitels enthält Zusatzmaterial, das berechtigten Benutzern zur Verfügung steht https://doi.org/10.1007/978-3-658-29937-8_4. Die Videos lassen sich mit Hilfe der SN More Media App abspielen, wenn Sie die gekennzeichneten Abbildungen mit der App scannen.

© Springer Fachmedien Wiesbaden GmbH, ein Teil von Springer Nature 2020
W. Friederichs, G. Schwarz, *Innovationsdynamik aktivieren*,
https://doi.org/10.1007/978-3-658-29937-8_4

4.1 Wie wir gewinnen

In den Sozialwissenschaften wird mit der bewährten Methode der Naturwissenschaften eine Reflexion der vorhandenen sozialen Prozesse durchgeführt. So gelingt es, den archaischen und automatisierten Mustern zu entkommen. Hoch reflexive Gruppen können dadurch eine höhere Leistung entwickeln. Überall dort, wo heute das hierarchische Exekutivsystem nicht mehr optimal ist, können Analysen und Entscheidungen an hoch reflexive Gruppen delegiert werden. Nur sie sind in der Lage, Lösungen zu erarbeiten, die der ständig wachsenden Komplexität einer digitalen Welt gerecht werden (Abb. 4.1).

4.1.1 Der Blick von oben (Metaebene)

Irgendwann war das menschliche Gehirn so weit entwickelt, dass Menschen begannen, sich Gedanken über die sie umgebende Welt und was sie zusammenhält zu machen. Dennoch bleibt ihre stammesgeschichtliche Prägung wirksam und bedeutend. Goethe formulierte das so: „Er nennt's Vernunft und braucht's allein um tierischer als jedes Tier zu sein." Er meinte damit, dass der Mensch auch bei Einsatz

Abb. 4.1 Video 4.1 „Integration ins Team und in die Identität" (https://doi.org/10.1007/000-0ke)

seiner Vernunft auf non-rationale Muster zurückfallen könne. Auch meinte er damit, dass sich die menschliche Zivilisation über die Natur hinaus (Meta ta Physika) so entwickelt, dass sie in der Sozialwissenschaft genauso wie in der Naturwissenschaft Erkenntnisse wider den Augenschein finden und daraus Handlungsanweisungen ableiten können, die den Menschen über seine unmittelbaren Antriebe und archaischen Muster hinaus erheben können.

Kurt Lewin hat in den 1920er-Jahren dieses Grundmodell der Naturwissenschaften auf die Sozialwissenschaften angewandt und nannte die Reflexion von Teamprozessen in hoch reflexiven Gruppen Gruppendynamik.

4.1.2 Überwindung der Kompetenzumkehr

Einer der Hauptgründe für die Grenzen der Hierarchie besteht in der Kompetenzumkehr. Sie tritt ein, wenn Mitglieder einer Gruppe mehr von einer Sache verstehen als ihre Vorgesetzten. Einige haben ein hohes Fachwissen, das andere nicht haben. Insbesondere in arbeitsteilig agierenden Gruppen wie z. B. Projektgruppen besteht die Notwendigkeit, verschiedene Spezialisten richtig einzusetzen. Es muss etwa jemand aus dem Finanzbereich dabei sein, der auf die Kosten achtet, jemand vom Marketing muss die Verkaufsmöglichkeiten überwachen, jemand aus der Produktion muss beurteilen, ob die Teile gefertigt werden können, jemand von der Logistik muss die Wertschöpfungskette überblicken, jemand aus der Rechtsabteilung muss darauf achten, dass alles vereinbarungsgemäß abläuft etc. Diese Komplexität ist nur durch Überwindung von Gruppen-Egoismen und rege Kommunikation zu bewältigen. Dabei sind die Gruppen vielen Widersprüchen ausgesetzt und haben dementsprechend sehr viele Konflikte zu bewältigen. Dies gelingt ihnen am besten oder manchmal überhaupt erst mithilfe der gruppendynamischen Methode der Analyse ihres Konsensfindungsprozesses.

4.1.3 Identitätsbildung des Teams in der neuen Zusammensetzung

Die größte Herausforderung für Gruppen ist der Verlust von Mitgliedern sowie die Integration neuer Mitglieder. Dazu muss jede Gruppe einen Lernprozess durchlaufen und eine neue Identität entwickeln. Identitätsfindung bedeutet zunächst, eine Antwort auf die Frage zu erarbeiten: Wer sind wir? Die Umsetzung in gleichgerichtetes Verhalten erfordert außerdem, dass die kollektive Identität stärkere Gefühle auslöst als die individuelle (Friederichs 1985, S. 330 ff.). Erst wenn beide Voraussetzungen erfüllt sind, ist eine Gruppe voll handlungsfähig.

Wahrscheinlich ist diese Frage auf der Ebene von Gruppen und Stämmen ursprünglicher als die individuelle Identitätsfindung. Die individuelle Identität entwickelt sich bei Kindern über die Zugehörigkeit zu einer Gruppe wie einer Familie, einem Stamm etc. Viel später, erst nach der Pubertät, entwickelt sich eine individuelle Identität. Selbst viele Erwachsene definieren sich oft noch über eine Gruppenzugehörigkeit: „Ich bin ein 68-er oder aber: Ich bin ein Berliner, ... ein Polizist, ... ein Beamter, ... ein Sportler", um nur wenige zu benennen. Auch Religionen oder Ideologien können zu einer kollektiven Identitätsbildung führen. Im Politischen wirkt eine Identitätsbildung oft kontraproduktiv, da sie Anlass für Kriege geben kann. Nach Kriegen, Konkursen oder anderen Zusammenbrüchen von Systemen haben die Mitglieder des vergangenen Systems oft große Schwierigkeiten, ihre Identität wieder zu finden. Meist gelingt das erst über eine neue Zugehörigkeit.

Gruppen, in die neue Mitglieder integriert werden, stehen immer vor der Herausforderung einer neuen Identitätsfindung. Ob die neue Identität für die Gruppe besser oder schlechter ist, sie zufriedener oder unzufriedener macht, sie erfolgreicher oder weniger erfolgreich macht, steht nicht von vornherein fest. Dies stellt sich erst im Laufe der Zeit heraus, weswegen darauf reflektiert werden muss. Das kann sich beispielsweise so darstellen: Seitdem Frau Meyer den Bereich übernommen hat, kommen von dort wesentlich weniger Reklamationen. Oder: Seitdem Herr Lehmann den Bereich übernommen hat, kommen von dort deutlich weniger Informationen. Die neue Situation muss eine Zeit lang immer wieder ausbalanciert werden. Wir stehen heute besser – oder schlechter – da als vor einem halben Jahr. Das haben wir Frau Meyer und Herrn Lehmann zu verdanken!

4.1.4 Zukunftsperspektiven des neuen Teams

Die Frage der Zukunftsperspektive wird im normalen Arbeitsalltag oft ausgeklammert. Der Grund hierfür ist: Sie ist meist kontrovers. Denn die Frage „Was wollen wir?" kann erst seriös beantworten werden, wenn eine gute Antwort auf die Frage gefunden ist „Wer sind wir?"

Hoch reflexive Gruppen müssen nach der gelungenen Integration eines neuen Mitglieds die Frage nach der Zukunftsperspektive beantworten können. Dafür ist es notwendig festzustellen, was die einzelnen Personen wollen und welche Zukunftsperspektiven sie haben. Diese beiden Parameter bedingen sich wechselseitig. Wenn die Gruppe als solche gute Zukunftsaussichten hat, dann können sich die meisten Mitglieder in ihr auch eine individuelle Zukunft vorstellen. Hat die Gruppe dagegen keine motivierende Identität und damit auch keine brauchbare Zukunftsperspektive, dann sind Gruppenmitglieder eher motiviert, sich ihre Zukunft außerhalb dieser Gruppe vorzustellen.

4.1.5 Szene aus der Arbeitswelt – Kompetenzumkehr

Besonders in Ministerien und Ämtern, ebenso wie im Umfeld von politisch dominierten Organisationen erleben wir immer wieder gruppendynamische Exempel der herausragenden Art. Chefs werden dort oft nicht aufgrund ihrer Fähigkeiten, sondern infolge politischer Mandate ernannt, welche die jeweils frisch gewählten Regierungsparteien zu vergeben haben. Hier geht es meist um innerparteiliche Karrieresprünge von Individuen und nur selten um die Stärkung der Organisation, der sie zugeordnet werden. Sie erahnen die Begeisterung der Gruppenmitglieder, denen sie vorgesetzt werden. Schon im Vorfeld wird die Kompetenz der neuen Chefs angezweifelt und leider oft zu Recht. Trotzdem müssen alle Beteiligten einen Weg aus dem Dilemma finden, um die Arbeitsfähigkeit der betreffenden Behörde oder Organisation nicht zu gefährden. An ihr hängt nicht nur die Existenzgrundlage vieler direkter Gruppenmitglieder, sondern oft eine aus Steuermitteln finanzierte Dienstleistung für einen Großteil der Bevölkerung. Was wir erlebt haben, war leider kein Einzelfall.

Der neue von seiner Partei entsandte Chef verstand die Probleme der Organisation nicht, der er vorgestellt wurde und hatte noch dazu wenig Interesse daran, sie zu verstehen. Ihm ging es allein um seine politische Profilierung und seine weitere Beförderung im politischen Machtgefüge. Allen war von vornherein klar, dass es sich hier um den Fall einer Kompetenzumkehr handelte. Schon in den ersten Sitzungen war es schwer, eine Blamage nach der anderen zu ignorieren. Natürlich blieb auch dem neuen Chef nicht verborgen, dass seine Integration in die Gruppe der ihm direkt zugeordneten Führungskräfte nicht so recht gelingen wollte. Er entschied sich für das bewährte männliche Ritual der Machtdemonstration und griff zu einem drastischen Führungsmittel: Jeden Morgen zu Beginn des Arbeitstags bestellte er eine Führungskraft zu sich in sein Büro und zählte lautstark auf, was seines Erachtens alles nicht funktionierte – das ganze möglichst bei offener Tür zum Vorzimmer, damit sich herumsprach, „wie energisch der Neue durchgreift".

Die meist unbegründeten, aber mit großer Rhetorik und Autorität vorgetragenen Vorwürfe erzeugten mit der Zeit bei den Untergebenen allerdings nicht Respekt, sondern Widerstand. Die Beschwerden bei den zuständigen Verantwortlichen der Personalabteilung häuften sich so, dass diese sich schließlich externe Hilfe holte.

Nach obligatorischen Interviews mit allen Betroffenen luden die Gruppendynamikberater zu einem gemeinsamen Workshop ein. Ziel war es, die individuellen Bedürfnisse aller Gruppenmitglieder in Balance mit den Aufgaben und Zielen der Organisation zu bringen. Im konkreten Fall erschienen zu diesem Workshop alle Mitglieder der Gruppe außer dem Chef, der sich im letzten Augenblick entschuldigen ließ. Die erste Reaktion der anderen war Resignation. Einige meinten, den Workshop nun absagen zu müssen, einige solidarisierten sich in Jammertriaden, einige erkannten den Vorteil der Abwesenheit des Chefs. Sie bot die Gelegenheit, die Situation in aller Ruhe zu analysieren. Dabei wurde klar, dass es sich bei dem morgendlichen Tadel um eine Dominanzattitüde handelte. Damit sollte mithilfe der höheren Position die mangelnde Kompetenz des Chefs kaschiert werden. Der deutsche Philosoph Odo Marquard prägte dafür den bezeichnenden Fachbegriff „Inkompetenzkompensationskompetenz". Sie sollte etabliert werden und den Chef vor Gesichts- bzw. Machtverlust schützen. Nach dieser Klärung dauerte es nicht lange, bis eine Lösung gefunden wurde. Aus politischen Gründen schien es unmöglich, den neuen Chef in einer Art Offboarding-Aktion wieder loszuwerden. Die Berater schlugen also vor, die Attitüden des Chefs wie das Wetter zu nehmen: Mal regnet es, mal scheint die Sonne. Mit einem mentalen Schirm gegen die Unbill dieses Wetters können sich alle schützen. Das Gewitter zog nur einmal am Tag auf, war in der Regel von kurzer Dauer und erwischte immer nur einen der Gruppe.

Im Bewusstsein dieser Situation konnte die Gruppe das tägliche Morgenritual akzeptieren. Oft konnte daraufhin sogar hinterher mit Humor zur Tagesordnung übergegangen werden. Gelegentlich konnte die Gruppe obendrein im Vorfeld ausmachen: Wer geht heute hinein? Das Ritual schweißte die Gruppe zusammen. Sie entwickelte mit der Zeit eine exzellente Strategie und verbesserte die eigene Gesamtleistung. Der Chef schrieb sich diese Leistungserhöhung selbst zu, blieb damit auf der Erfolgsschiene und die Gruppe konnte auf Erlösung von dem inkompetenten Chef hoffen. Dies ergab sich auch, da die Inkompetenz des Chefs durch die gute Performance der Gruppe nicht sichtbar wurde.

Es bleibt die Schlussfolgerung: Eine reife Gruppe kann viel Führungsversagen kompensieren. Sie ist temporär in der Lage, sich selbst zu Höchstleistungen zu führen, auch ohne Koordination durch eine übergeordnete Führung. Zukunftsprognostisch gilt: Langfristig überleben werden nur jene Organisationen, in denen hoch reflexive Gruppen innerhalb eines vernetzt hierarchischen Systems weiterentwickelt werden.

4.2 Wer lernen muss

Wir lernen aus eigenen Erfahrungen und sind fähig, an denen anderer zu partizipieren. Besonders viel lernen wir von Menschen, die anders sind als wir selbst, und wenn wir uns aus unserer persönlichen Komfortzone hinausbewegen. Auf unser Thema bezogen heißt das: Je größer die Diversität des Teams, umso größer ist dessen Lernpotenzial. Das Team zu einem fortlaufend lernenden, sich selbst inspirierenden System zu formen ist nur möglich, wenn gruppendynamische Prozesse bewusst gesteuert werden.

Bewährt haben sich dafür nur wechselseitige Lernprozesse, in die alle Beteiligten involviert sind. Personen, die neu in ein Team hineinkommen, müssen lernen sich anzupassen. Dies gilt auch für Chefs. Genauso müssen die Mitglieder eines bestehenden Teams lernen, die neue Person so zu integrieren, dass deren Fähigkeiten das Know-how des Teams bestmöglich ergänzt und die Gesamtleistung steigert. Sowohl auf der Sach- als auch auf der Beziehungsebene entstehen Ungleichgewichte, die sich nur durch gezielte Interventionen ausbalancieren lassen. Die nötigen Lernprozesse bei allen Beteiligten lassen sich nicht durch Einzel- sondern nur durch Teamtrainings steuern.

4.2.1 Teamtrainings

Mithilfe von Erkenntnissen der Sozialwissenschaften hat die Gruppendynamik ein System entwickelt, wie sich Neuzugänge in ein bestehendes Team integrieren lassen, ohne den Umweg über sachliche Fehlentscheidungen zu nehmen sowie unter Vermeidung großer Beziehungskränkungen der neuen und alten Teammitglieder. Methodisch essenziell sind dabei Interviews mit allen Betroffenen, also allen Mitgliedern der bestehenden Gruppe und dem neuen Gruppenmitglied sowie gelegentlich auch dem relevanten Umfeld. In einem darauffolgenden Workshop werden auf Basis der Ergebnisse der Interviews die verschiedenen Interessen und Wünsche referiert, die an das neue Mitglied herangetragen werden und von diesem ausgehen. Wichtig ist hierbei die Neutralität der Interviewer und Moderatoren des Workshops. Externe Spezialisten hinzuzuziehen ist deshalb alternativlos. In der Praxis hat sich zudem eine Funktionsteilung bewährt. Der Experte für Gruppendynamik achtet auf den Prozess sowie die notwendigen Gruppenfunktionen und stellt die Atmosphäre her, in der auch sehr sensible Themen besprochen werden können. Daneben fokussiert ein Experte für Kulturwechsel auf die Sachargumente sowie auf die institutionelle Verankerung, wie beispielsweise die Kompetenzen und ihre

Repräsentation in der betreffenden Organisation. Ein solcher Workshop sollte mindestens anderthalb Tage, idealerweise zwei Tage dauern.

Nach der Präsentation der Interviewergebnisse ist unbedingt darauf zu achten, dass der Abend und die folgende Nacht für die Verarbeitung freigelassen werden. Am nächsten Tag folgt dann die Diskussion in der Gruppe. Wichtig ist hier auch die Zeitdimension. Lernprozesse im rationalen Bereich gehen oft sehr schnell. Unser Gehirn ist im Laufe der Zivilisationsentwicklung äußerst flexibel geworden und lernt gerade im digitalen Zeitalter, noch schneller zu werden. Im emotionalen und sozialen Bereich gibt es diese Schnelligkeit und Beweglichkeit nicht. Emotionale Lernprozesse brauchen seit Jahrmillionen ihre Zeit. Sie lassen sich genauso wie biologische Prozesse, zum Beispiel die Verdauung, nicht beliebig beschleunigen. Menschen sind keine Maschinen, zumindest noch nicht.

Für die Verarbeitung eignen sich sehr gut die Abend- und Nachtstunden. So hat es sich bei Workshops sehr bewährt, dass sich die Personen abends informell zusammensetzen und ihre Eindrücke austauschen. Auch die Zeit des Schlafes gehört zur Verarbeitungszeit. Meist ist der erste Abend eines solchen Workshops dem Bearbeiten der alten und neuen Situation gewidmet, der zweite Abend gehört dann der Zukunft des Teams. Wer einen solchen Workshop abkürzt, beschleunigt dadurch nicht den Lernprozess, sondern lässt vieles offen und verschiebt ihn auf einen späteren Zeitpunkt. Dadurch verlangsamt sich der Prozess und der vermeintliche Zeitgewinn wird dann oft zum Zeitverlust.

Diskussionswürdig ist hingegen der Zeitpunkt einer solchen Veranstaltung.

Es gibt zwei gute Möglichkeiten. Entweder der Workshop wird an den Anfang gesetzt, im Zuge der ersten Begegnung zwischen dem Neuen und der Gruppe – diese Variante hat sich unserer Erfahrung nach am besten bewährt – oder der Workshop findet nach etwa 2–3 Wochen (oder etwas später) statt, nachdem die ersten Erfahrungen in der neuen Konstellation gemacht wurden. Beides hat Vor- und Nachteile.

Der Vorteil der ersten Variante besteht darin, dass die gröbsten Irritationen bezüglich der Ranking- und Positionskämpfe vermieden werden können.

Der Nachteil der ersten Variante besteht darin, dass im Zuge der Interviews nicht alle Probleme erhoben werden können, die erst in der Praxis der Zusammenarbeit auftreten. Beim zweiten Modell ist es umgekehrt: Es hat den Vorteil, dass schon die ersten Probleme auf dem Tisch liegen und daher auf diese Probleme gezielt eingegangen werden kann. Nachteilig ist, dass in den ersten Wochen unter Umständen Widerstände gegen den Neuen aufgebaut wurden, die nicht immer leicht auszuräumen sind. Je länger der Zeitraum, desto schwerer ist es.

Ein weiterer Vorteil des ersten Modells besteht darin, dass in den Interviews die einzelnen Gruppenmitglieder auf die Veränderungen vorbereitet werden können.

4.2 Wer lernen muss

Sie haben dabei auch Gelegenheit, ihre eigene Position zu überdenken, Erwartungen und Zweifel zu äußern, sodass der notwendige Lernprozess schon auf einem höheren Niveau angesetzt werden kann. Beispielsweise können auch Referate, etwa über die Historie der Gruppe, die Geschichte des Unternehmens oder über die Arbeitsteilung in der Gruppe, sehr aufschlussreich und hilfreich sein, um den gruppendynamischen Reifeprozess zu beschleunigen.

Eine wichtige Frage, die sich jede Führungskraft, jeder Berater zu Beginn jeder Veränderung in einer Gruppenkonstellation stellen sollte, lautet: Auf welche Entwicklungsstufe fällt die Gruppe zurück? Nur im Idealfall fällt sie überhaupt nicht zurück. Oft gelingt das, wenn sich die Gruppe wie folgt verhält:

- Die Gruppe akzeptiert die Besonderheiten des Neuankömmlings, die bei arbeitsteiligen Gruppen notwendig und hilfreich sind.
- Das neue Mitglied passt sich an die Gruppe an, ohne auf seine spezielle Expertise zu verzichten.
- Der Integrationsprozess geht reibungslos vor sich, weil alle einer Rationalität und dem Zugang zu allen Geheimnissen verpflichtet sind.
- Die alte Gruppe entwickelt rasch und ohne Konflikte eine neue Identität, mit der sie leistungsfähiger ist als mit der alten.
- Alle Gruppenmitglieder sind in der neuen Konstellation glücklicher. Alle fühlen sich als Menschen und Fachexperten wertgeschätzt.

Dieser Idealfall ist leider in der Realität noch immer eine seltene Ausnahme. Wenn nur einer der oben beschriebenen Punkte nicht zutrifft, ist eine gruppendynamische Intervention hilfreich.

Last but not least gilt es zu berücksichtigen, dass bei einem Integrationsprozess die beteiligten Personen natürlich befangen und normalerweise darüber hinaus emotional zu sehr gefordert sind, um den Gruppenprozess neutral steuern zu können. Aufgrund der notwendigen Krise, in die eine Gruppe beim Neueintritt eines wichtigen Gruppenmitglieds kommen muss, werden sehr starke Emotionen freigesetzt. Diese Emotionen reduzieren die Möglichkeit und Fähigkeit für eine neutrale Moderation des Prozesses durch eine beteiligte Person. Möglicherweise verhindern sie sogar einen Blick auf den Prozess überhaupt. Im Vordergrund stehen dann die jeweiligen Interessen der einzelnen Personen. Eine solche Krise stellt eine klassische Regressionssituation dar, in der alte archaische Muster zum Tragen kommen. Externe Moderatoren sind darin nicht involviert und dadurch in der Lage, auf die jeweiligen Muster, die in der Gruppe auftreten, hinzuweisen. Das betrifft etwa unvermeidliche Ängste, die in emotionalen Krisen auftreten oder die mangelnde Differenzierung von Sach- und Beziehungsebene. Die Gruppe profitiert auch in der zukünftigen Arbeit von einem professionellen Integrationsprozess. Das Statement „So etwas hätten wir schon viel früher gebraucht!" ist leider immer noch ein Dauerbrenner.

4.2.2 Individuelles Coaching

In Einzelfällen kann ein ergänzendes individuelles Coaching der neuen Person zum Beispiel durch einen Mitarbeiter der Personalabteilung sehr sinnvoll sein, so etwa bei einer Analyse der Unternehmenskultur, zu Besonderheiten und Aspekten, die geschätzt oder weniger geschätzt werden etc. Allerdings kann ein individuelles Coaching nie den Lernprozess der Gruppe ersetzen.

4.2.3 Aus Erfahrung klug

Im Alltag lernen wir am nachhaltigsten über Erfahrungen. Die universelle Erfahrung, die jeden Menschen in gleicher Weise weiterbringt, gibt es aber leider genauso wenig wie das Perpetuum Mobile oder die Eier legende Wollmilchsau. Was uns bleibt und treibt ist das Machen, Tun, Experimentieren. Die Erfahrungen, die wir dabei zwangsläufig sammeln, bringen uns weiter und nützen mehr als jedes noch so gute theoretische Lehrangebot. Deshalb werden bei gruppendynamischen Interventionen auch keine Vorträge gehalten, sondern nur kurze Impulse gegeben. Es wird mit den individuellen Erfahrungen, Fähigkeiten und Bedürfnissen der Beteiligten im Hier und Jetzt praktisch gearbeitet.

Keine Gruppe von Menschen gleicht der anderen, jedes soziale Gefüge hat seine Eigenheiten. Es gibt kein Patentrezept, aber zwei Fakten, die sich immer wieder bestätigen:

- Jede Organisation, jede Gruppe, jeder Mensch ist per se erst einmal ein in sich geschlossenes System und neigt dazu, in sich gefangen zu sein. Das äußert sich zum Beispiel in dem bekannten Tunnelblick, den wir alle mehr oder weniger entwickeln.
- Jede Veränderung des Systems ist gleichermaßen Chance und Risiko. Eine von außen eindringende Komponente, wie beispielsweise ein neuer Mitarbeiter, destabilisiert und polarisiert. Eine objektive Analyse und rationale Entscheidungen sind aus dem System selbst heraus nur möglich, wenn es zur Selbstanalyse und -steuerung fähig und somit hoch reflexiv ist. Durch die Unterstützung von außen, durch professionelle Intervention kann auch das System oder die Gruppe,

die noch einen Lernprozess zur Hochreflexivität vor sich hat, zuverlässig eine neue Balance finden und lernen, Veränderungen zur eigenen Leistungssteigerung zu nützen. Wer dabei den Wert von Vielfalt nutzt, kann generell Veränderungen leichter meistern.

Schlussbemerkung 5

In der Theorie stellt sich die Frage: Gibt es eine substanzielle Veränderung ohne Konflikte? Veränderungen ohne Konflikte würden bedeuten, dass alle Mitglieder einer Gruppe oder eines Sozialgebildes gleichzeitig eine Veränderung in die gleiche Richtung wollen. Theoretisch ist das möglich, praktisch sehr selten. Denn die Veränderungswünsche gehen meist nur von einzelnen Personen aus. Die anderen Involvierten müssen erst überzeugt werden und halten daher zunächst dagegen. Diese Gegenwehr ist durchaus sinnvoll, da nicht alle Veränderungsvorschläge per se gut sind. Die Auseinandersetzung darüber, was wirklich brauchbar ist und umgesetzt werden sollte, ist notwendig, um die Spreu vom Weizen zu trennen.

Ein solcher Prüfprozess ist auch bei der Integration von Führungskräften geboten. Es ist geradezu blauäugig, mit allem, was den Neuzugang betrifft, sofort einverstanden zu sein. Ebenso ist es unsinnig, dass die neuen Personen sofort alles akzeptieren, was ihnen an Neuigkeiten geboten wird. Erst durch Abwägen und Differenzieren ist der notwendige Lernprozess möglich. Der Konsens, übrigens traditionell Wahrheit genannt, ist somit erst Resultat eines Lernprozesses, an dessen Ende alle Beteiligten der neuen Struktur und ihren Regeln etc. zustimmen können. Die gelungene Integration der neuen Person bringt dann eine neue Wahrheit – eine neue Gruppenidentität.

Literatur

Friederichs, W. (1985). *Der Einfluss von Gefühlen auf Kaufentscheidungen*. Frankfurt a. M.: Peter Lang.
Friederichs, W. (1996). Die Nachfolge in Unternehmen. *FAZ*. (Blick durch die Wirtschaft, Artikelserie Juli/August).
Friederichs, W. (2011). Car guy? Mobility man! (Automotive Agenda 09). Wiesbaden: Springer media.
Friederichs, W., et al. (2018). *The differentiating impact of design and its talent implications*. New York: Russell Reynolds Associates.
Michael A. W. (1996). *Onboarding – Neue Mitarbeiter integrieren* (S. 99 f.). Göttingen: Hogrefe. (Zitiert aus Klaus Moser et al., 2008).
Pesendorfer, B. (1996). Organisationsdynamik. In G. Schwarz et al. (Hrsg.), *Gruppendynamik. Geschichte und Zukunft* (2. Aufl.). Wien: WUV Universitätsverlag.
Schwarz, G. (2016). *Konfliktmanagement* (9. Aufl.). Wiesbaden: Springer & Gabler.
Schwarz, G. (2019a). *Die Heilige Ordnung der Männer* (6. Aufl.). Wiesbaden: Springer & Gabler.
Schwarz, G. (2019b). *Shitstorms, Lügen, Sex. Steinzeitrituale in Gruppen und Hierarchien*. Wiesbaden: Springer Fachmedien.

The manufacturer's authorised representative in the EU is Springer Nature Customer Service Centre GmbH, Europaplatz 3, 69115 Heidelberg, Germany. If you have any concerns regarding our products, please contact ProductSafety@springernature.com

Printed and bound by CPI Group (UK) Ltd, Croydon, CR0 4YY

25/03/2026

02078226-0005